ANGELA STAUBER
Mundus, mundi

INHALT

MIT ANALYTISCHEM BLICK
Eine Annäherung an Angela Staubers Atelierbilder

Angela Stauber ist eine analytische Beobachterin. Das zeigt sich ganz besonders in ihren Arbeiten, die sich mit dem Atelier beschäftigen: Jener geheimnisumwobene Arbeitsraum des Künstlers oder der Künstlerin, der vom Schöpferischen und von der Schaffenskraft seines Besitzers erzählt, ist ein wichtiger Ausgangspunkt für Staubers Projektionen von Wahrnehmung. Die Künstlerin vermisst mit malerischen Mitteln ihre alltägliche Arbeitswelt, so wie sie diese vorfindet. Dabei beschäftigen sie die Möglichkeiten, wie die Darstellung von der Wahrnehmung der Welt – und ihrer Welt – sein können. Somit ist für sie das Atelier ein Mikrokosmos, das als *pars pro toto* steht. Vordergründig bleibt die Frage, was das Bild sein kann. Malerei und Bild sind also aufs Engste miteinander verwoben.

Der Fokus in dieser Publikation richtet sich auf Staubers jüngere Arbeiten, die in den Jahren von 2011 bis 2014 entstanden sind. Ihre 'Themen' sind die gleichen geblieben, Haltung und Maltechnik haben sich aber geändert: Sie lassen sich allgemein durch eine auffallende Leichtigkeit charakterisieren.

1 *introspektiv*

2012 lud man die Malerin ein, ihre Arbeit *introspektiv* in der großen Überblicksschau der Staatsgalerie Stuttgart *Mythos Atelier. Von Spitzweg bis Picasso, von Giacometti bis Nauman* auszustellen (Abb. Installationsansicht, S. 50, 51).

Platziert war Staubers mehrteilige Werkgruppe in den damals noch unter Sean Rainbird eingerichteten großen Wechselausstellungsräumen im Erdgeschoss der Alten Staatsgalerie. Ihre 2011 entstandene mehrteilige Werkgruppe war das jüngste Ausstellungsstück aus dem Bereich der Gegenwartskunst. Platziert im großen Raum mit dem übergeordneten Titel *Reflexionen über das Atelier des Künstlers. Von den 1970er Jahren bis heute*, präsentierte auch Stauber mit *introspektiv* eine Position, die eine eigenwillige Auseinandersetzung mit einem berühmten Atelierbild respektive einem ‚realen Ort' der Kunstgeschichte zu erkennen gab.

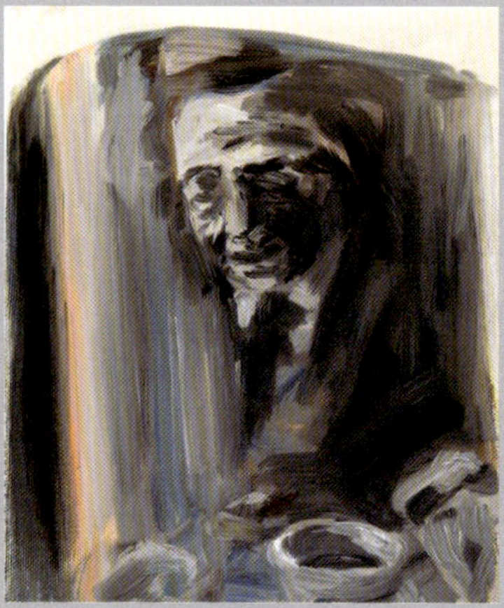

Abb. 1: im Café · 2010
Öl auf Leinwand · 30 x 25 cm

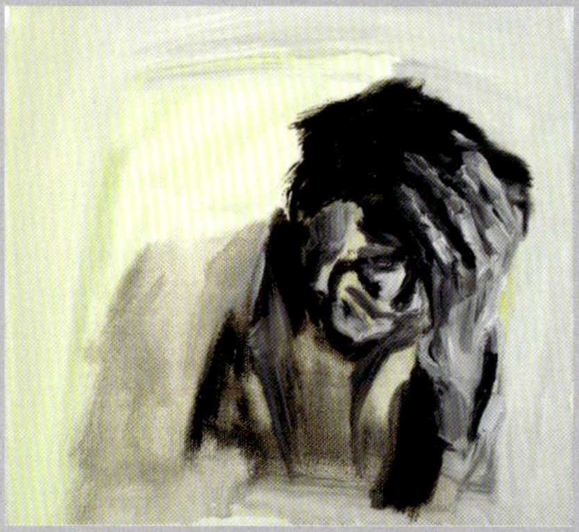

Abb. 2:
auftauchen und abtauchen · 2010
Öl auf Leinwand · 30 x 32 cm

1 Vgl. Véronique Wiesinger, „Laboratorium und Mythos. Alberto Giacomettis Atelier", in: *Mythos Atelier. Von Spitzweg bis Picasso, von Giacometti bis Nauman*, hg. von Ina Conzen (Ausst.-Kat. Staatsgalerie Stuttgart), München 2012, S. 172–191.

Introspektiv, so der vor allem auch auf Staubers Sicht und Arbeitsweise zutreffende Werktitel, gewährt aus unterschiedlichen Perspektiven Einblick in einen von Gegenständen vollgestellten, nur ausschnitthaft wiedergegebenen Werkstattraum: Ateliereckensind zu sehen, die vollgestellt sind mit niedrigen Tischchen, Hockern, Leinwandbildern und Skulpturen. Die Arbeitsflächen sind bedeckt mit Papierstapeln und Arbeitsutensilien. Grau in Grau erscheint uns auf den ersten Blick die hier zum Ausdruck gebrachte Arbeitsatmosphäre – als wolle die Künstlerin der Materialität des Schöpferischen nachspüren und den Staub der Leinwandgrundierung und der Gipsmodelle sowie die getrocknete Farbe auf ihre Leinwand bannen. Einige Bilder zeigen den Künstler bei der Arbeit, bei dem es sich unverkennbar – aufgrund der physiognomischen Charakterisierung und des legendären Arbeitsumfeldes – um den Maler, Bildhauer und Grafiker Alberto Giacometti handelt. Als diesen vielseitigen, intermedialen Künstler stellt Stauber ihn auch dar: Sie präsentiert Giacometti einmal als Bildhauer, bildend und formend am Arbeitstisch, das andere Mal vor der Staffelei sitzend.

In Bildern, die der Reihe *introspektiv* vorausgegangen waren, zeigt Stauber diesen Künstler auch einmal innehaltend, richtet den Fokus auf sein Gesicht, das von Erschöpfung gezeichnet zu sein scheint.[Abb. 1] Ein weiteres Mal charakterisiert sie ihn grüblerisch-zweifelnd, ja geradezu verzweifelt.[Abb.2] Hier flackert der Mythos vom schöpferisch-genialen und bis zur Erschöpfung arbeitenden und selten zufriedenen Giacometti auf. Angela Stauber beweist als Porträtmalerin höchste Sensibilität für die Charakterisierung seiner emotionalen Verfassung. Giacomettis Atelier war, wie kaum ein anderes Beispiel der Klassischen Moderne, aufs Engste mit dem Schaffen und der Persönlichkeit seines Künstlers verbunden: Noch zu seinen Lebzeiten wurde er zur ‚Ikone' und ‚Marke' – und nicht nur in Bezug auf sein Atelier – stilisiert.[1]

Angela Stauber scheint mit den ihr zur Verfügung stehenden malerischen Mitteln zu beobachten und beschreibt nüchtern was sie sieht. Sie spürt dem legendären kreativen Chaos in Giacomettis Atelier nach, wechselt zwischen lasierender und pastos aufgetragener Farbe. Sogenannte Nichtfarben wie Schwarz und Weiß dominieren die dargestellten Szenen, ihr Pinselstrich ist gestisch. Die schwarz-weiße Tonalität wird gebrochen durch wenige, als Akzente gesetzte Pinselspuren in Blau, Rot, Gelb und Grün. Sie sind als Hinweise auf die persönliche Wahrnehmung des beobachteten Lichtspiels auf den originalen Abbildungen zu verstehen. Dadurch und durch das Wechselspiel aus präzise wiedergegebenen Details und flüchtigen, ungenauen Darstellungen schafft die Künstlerin eine gewollte Distanz zum Darstellungsinhalt. Gleichzeitig erzeugt sie eine Spannung zwischen dem schwer zu erschließenden Motiv der Darstellung und ihrer eigenen Arbeitsweise. Die Farbigkeit scheint gegenüber den Malmitteln zurückzutreten, die vor allem Effekte erzielen sollen, so die Licht- und Schattenwirkungen im Bild.

Manche der kleinformatigen Leinwände lassen neben den Ateliermotiven kleine weiße Ränder erkennen. Diese deuten daraufhin, dass die Arbeiten nach Buchvorlagen entstanden sind. Es sind Reproduktionen von Fotografien aus einer der zahlreichen Buchpublikationen, die es über Giacomettis wichtigstes Atelier gibt: das winzige Wohn- und Arbeitsatelier in der Rue Hippolyte Maindron 46 im Pariser Viertel Montparnasse, in dem der Künstler seit 1926 hauste.[2]

2 Vgl. Hélène Pinet, „Point d'arrivée. Point de départ". Photographies de l'artiste dans son atelier, in: *The Studio of Alberto Giacometti. Collection of the Fondation Alberto et Annette Giacometti*, hg. von Véronique Wiesinger (Ausst.-Kat. Centre Pompidou, Paris), Paris 2007, S. 52–75.

Nun geht es der Malerin aber offensichtlich nicht um eine getreue Wiedergabe und Sichtbarmachung des legendären kreativen Chaos im Atelier dieses Künstlers und der dort vorherrschenden *realité d'objets*. Stauber interessiert das Festhalten eines Moments, das gerade Gesehene, das Jetzt und Hier. In den kleinen, räumlich vorgegebenen und dichtgedrängten Bildern fallen vor allem die Licht- und Schattenwirkungen auf, die auf das Vorher und Nachher eines dargestellten Moments verweisen. So rückt Stauber den Schaffensprozess Giacomettis, der von einem ständigen Suchen, Finden, Verwerfen, Zerstören und Wieder-Neubeginnen geprägt war, in den Vordergrund. Die Malweise unterstützt diesen im Bild sichtbar gemachten kreativen Prozess, indem sie zum Reflexionsmittel wird: oder vielleicht besser noch, zum Instrument für eine systematische Befragung. Aber nicht mit dem Ziel, Antworten zu finden, sondern um einen offenen, projekthaften Charakter zu wahren. Der/die aktive Betrachter/in[3] erhält die Möglichkeit, sich in die Situation des künstlerischen Prozesses einzudenken, an diesem teilzuhaben. So erhält bei Angela Stauber eine von Giacometti (und auch von Lucian Freud) ausgehende forensische Untersuchung des Atelierambientes eine Bedeutung als identitätsstiftende Aktivität.[4] Dem Künstlertum an sich wird durch die Staubersche Selbstbefragung der Spiegel vorgehalten.

3 Zugunsten einer besseren Lesbarkeit wird im Folgenden die maskuline grammatikalische Form verwendet, die aber auf beide Geschlechter verweisen soll.

4 Ina Conzen, „Wiedereinstieg ins Atelier-Bild. Von den 1970er-Jahren bis heute", in: *Mythos Atelier. Von Spitzweg bis Picasso, von Giacometti bis Nauman*, hg. von Ina Conzen (Ausst.-Kat. Staatsgalerie Stuttgart), München 2012, S. 200 f.

2 *Innen Raum*

Eine Fotografie **Abb. 3** dokumentiert die Grundidee für die von 2013 bis 2014 entstandenen acht großformatigen Ölgemälde der Serie *Innen Raum:* Sie zeigt den in Staubers Münchner Atelier befindlichen Durchblick vom Gang in den gegenüberliegenden Raum. Wir sehen so typische Motive der Interieur-Ikonografie wie Tür, Fenster, Ecke und Winkel, im Anschnitt wiedergegebene Möbelstücke und schließlich mehr zu erahnen als zu erkennen: eine an die Wand gelehnte Leinwand. Der *Innen Raum* gibt sich als Atelier der Künstlerin zu erkennen.

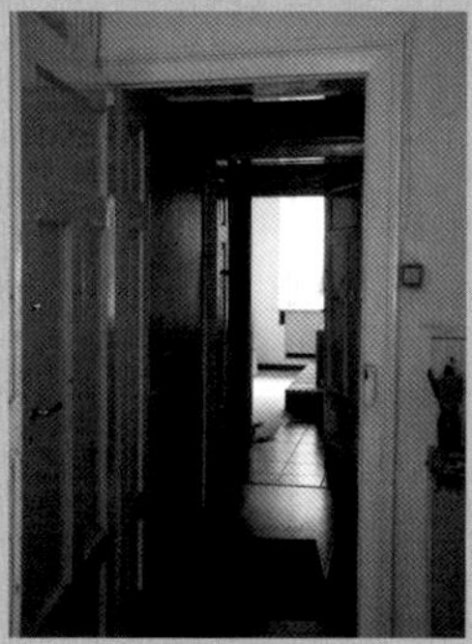

Abb. 3:
Fotografie: Durchblick in den gegenüberliegenden Raum

Das Bestreben der Malerin, einen Ausschnitt ihrer alltäglichen Umgebung unterschiedlich darzustellen und zu befragen, wird einmal umso mehr deutlich: So sind die acht Versionen einer gleichen Ausgangssituation entstanden. Fluchtpunktperspektive sowie die Lichtverhältnisse spielen für die analytische Beobachterin eine zentrale Rolle. Hiervon angeregt setzt sie ihre Idee um, sich neben ihren üblichen weiß grundierten Leinwänden auch an schwarz grundierten zu erproben: mit dem Ziel, der sich schnell verändernden Lichtsituation ein adäquates Extrem entgegenzusetzen.[5]

5 Ateliergespräch zwischen der Autorin und der Malerin vom 7.7./8.7.2014 in München. Stauber berichtete, dass die braun grundierte Leinwand als Träger noch im Entstehen sei.

Der eigentliche *Innen Raum* bleibt in Staubers Bildern von der Form her als der zu erkennen, der er auch ursprünglich war: der Durchblick von einem Raum in den nächsten. Thema und die Art und Weise von Staubers Staffelung im Bildraum erinnern an Interieur-Darstellungen der Niederländischen Malerei. Fenster und Spiegelungen kennen wir als Metaphern für die Bestrebungen der perspektivisch-illusionistischen Malerei der Neuzeit. Naturgetreues Abbilden war derzeit einem Wahrheitsanspruch verpflichtet. Angela Stauber führt diesen, wie bereits von Eva Wattolik festgestellt, *ad absurdum*.[6]

Stauber wählt diesen Ausschnitt, eine Detailansicht ihres Ateliers, um ihren eigenen Blick und den des Betrachters dafür zu sensibilisieren, was mit diesem ursprünglich eingefangenen Bildmotiv passiert. Die schwarz oder weiß grundierte Leinwand gibt den Raum vor. Nun heißt es für Stauber, diesen Raum mithilfe des Lichtes zu ergründen. Denn dort, wo das Licht sich bricht, werden Geheimnisse offenbart. Und während des Malprozesses vollzieht sich dann die Verwandlung: Angela Staubers Malweise scheint einer aus dem Bild selbst kommenden Dynamik zu folgen und löst sich dabei vom Eindruck des Gesehenen. Sie beobachtet die Formen und Konturen, die schillernden Oberflächen, die Farbwirkungen, und bannt sie auf die Leinwand, um sie gleichzeitig, durch einen schnellen, gestischen Duktus und eine leicht wandernde Perspektive, wieder aufzulösen und zu verfremden. Steht die weiße Leinwand im weiteren Sinne motivisch für das Licht, so fällt auf, dass die Tiefe des Raumes nur noch zu erahnen ist (Innen Raum V, Innen Raum VII, S. 22, 23). Die Malerin erläutert an diesen Beispielen den von ihr als „Kippmoment" benannten Kunstgriff: Motiv und Malgrund durchdringen sich und die daraus resultierende, gewollte Uneindeutigkeit des Gesehenen manifestiert sich nachdrücklich.[7] Hierdurch tut sich eine weitere Bedeutungsebene auf: Das Oszillieren zwischen Oberfläche und Tiefe, zwischen Motiv und Malgrund steht sinnbildlich für die Simultaneität: Stauber erklärt, dass es möglich sei, sich physisch an einem Ort zu befinden, psychisch aber an einem anderen. Durch dieses Durchdringen der Ebenen ergäben sich solche „Zwischenwelten" in den Bildern, deren Interpretationsspielraum sie für sich zu ergründen suche.[8]

Die Transparenz der bemalten Oberflächen der weißen *Innen Raum*-Bilder verursacht ein eigenwilliges Spannungsverhältnis zu den schwarzen Pendant-Bildern (Abb. Innen Raum I, II, III, VI, S. 17, 18, 19, 21). Hier offenbaren sich die Spiegelungen, die aus der Beobachtung mit dem Licht resultieren, keineswegs aber eine romantisierende Absicht verfolgen.[9] Das Licht steht bei Stauber generell für den Tag. Um diese Spiegelreflexe auf die Maloberfläche zu bannen, mischt Stauber Harz in Terpentinöl bei.**Abb. 4**

Das kuratorische Konzept für Staubers Ausstellung in der Kulturhalle im Neuen Pfaffenhofener Kunstverein e.V. versperrte durch verschieden platzierte Stellwände den Blick in den ganzen Ausstellungsraum. Gleichzeitig aber gab das Gemälde auf der Stellwand die Illusion einer Raumöffnung durch das Bild vor. Der Raum erschließt sich dem Betrachter somit auf eine andere Weise: Er sieht sein Spiegelbild im *Innen Raum* und wird so Teilhaber beider Räume: des Illusionsraumes und des realen (Ausstellungs-) Raumes.

6 Vgl. Eva Wattolik, „Tiefer Raum und Fremde Welt", in: *Tiefer Raum und Fremde Welt*, hg. vom Kunstverein Aichach e.V. (Ausst.-Kat. Kunstverein Aichach 2009), München 2009, o. S.

7 Ateliergespräch zwischen der Autorin und der Malerin vom 7.7./8.7.2014 in München.

8 Resultate des Ateliergesprächs zwischen der Autorin und der Malerin vom 7.7./8.7.2014 in München.

9 Die Nicht-Farbigkeit bei Staubers Bildern ist nicht gleichzusetzen mit „Dunkelheit" oder „Nacht" und die Lichtführung soll keine romantische Melancholie zum Ausdruck bringen wie z. B. in der dargestellten nächtlichen Szenerie des berühmten Atelierbildes *Malerstube im Mondschein* von Carl Gustav Carus aus dem Jahr 1826 (Staatliche Kunsthalle Karlsruhe). Vgl. Ateliergespräch zwischen der Autorin und der Malerin vom 7.7./8.7.2014 in München.

In den *Innen Raum*-Arbeiten geht es Stauber also nur vordergründig um die sichtbare Oberfläche und die illusionistische Tiefe eines Raumbildes. Der Illusionsraum der Leinwand ermöglicht, das Nicht-Sichtbare sichtbar werden zu lassen. Hinter einer ersten Schicht verbirgt sich weit mehr als wir sehen können. Die weiteren Schichten deuten an. Sie suggerieren, dass unsere Wahrnehmung selbst vielschichtig ist und sich auf unterschiedlichen Ebenen bewegt, die den Einzelnen auszeichnen. Das Bild vom Raum steht für Stauber als Sinnbild für die Verortung des Menschen an sich. *Innen Raum* wird somit zu einem Assoziationsraum: der – aktive – Betrachter ist wieder gefordert, sich zu befragen.

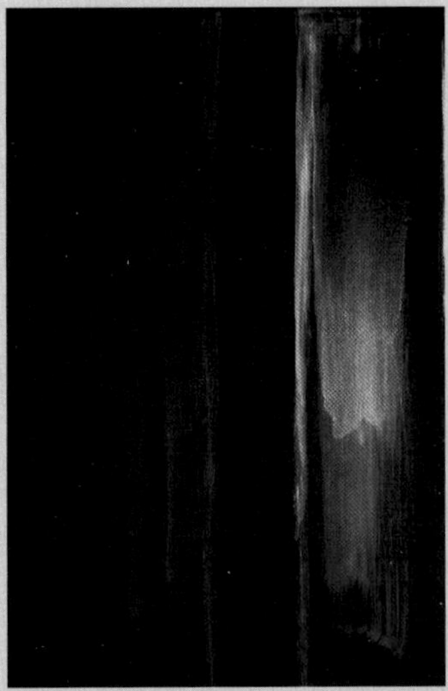

Abb. 4: Detail **Innen Raum 1**

3 Gegenstände im Atelier: *Bücher* und *de-illusions*

In Staubers Mikrokosmos Atelier finden sich auch so alltägliche Gebrauchsgegenstände wie Bücher, Kekspackungen, Tacker etc. (S. 26–31, S. 35–41). Sie interessieren die Malerin primär als „optische Phänomene"[10]: Durch das genaue Beobachten und Malen aus verschiedenen Blickwinkeln ergeben sich sehr unterschiedliche Tiefen im Bild. Diese scheinbare Unendlichkeit an Darstellungsmöglichkeiten fasziniert Stauber. Hinzu kommen die gestalterischen Positionen bei veränderlichen Lichtverhältnissen im Raum, die den Variierungs-Spielraum noch begünstigen. Sowohl die 2013 entstandene Werkfolge *Bücher* als auch die Reihe *de-illusions* von 2014 ließen sich also in unendlichen malerischen Variationen fortsetzen. Zu Gruppen formiert, dienen sie der Vermittlung von verschiedenen Betrachter-Perspektiven und Wahrnehmungsebenen.

10 Resultate des Ateliergesprächs zwischen der Autorin und der Malerin vom 7.7./8.7.2014 in München.

Der Größe und Beschaffenheit der Gegenstände angepasst, wählt die Malerin kleinere Leinwandformate. Stauber malt mit dünnen Lasuren abwechselnd auf weiß und auf schwarz grundierte Leinwand, die die Brillanz und Tiefe noch unterstützen. Aussparungen lassen die Grundierung an einigen Stellen im Bild offen stehen. Die grundierte Fläche ist somit integrativer Bestandteil Staubers Malerei.

Der skizzenhafte Charakter der Bilder, das jeweilige Einfangen der veränderlichen Lichtverhältnisse sowie der Gestus des Farbauftrages begünstigen die Konzentration und die Wahrnehmung für die Darstellung von Zeitlichkeit. In der Gruppe, wie es die Beispiele für eine Hängung verdeutlichen (S. 44, 45), funktionieren die verschiedenen kleinformatigen ‚Ding'-Bilder wie Film-Stills: angehalten in einem Moment der Bewegung.[11]

11 Vgl. Ateliergespräch zwischen der Autorin und der Malerin vom 7.7./8.7.2014 in München.

So beliebig oder fast schon banal die Motivauswahl bei den Gegenständen im Atelier erscheinen mag, desto spannender ist es, wie die Künstlerin auch hier den Raum- und Zeitfaktor mit malerischen Mitteln einzufangen vermag. Die Malerin Angela Stauber macht sich ihre eigene Umgebung und die dazugehörigen Gegenstände zum Thema. Oder mehr noch: Die Malerei ist Thema im Thema. Geht es Stauber um die genaue und systematische Befragung ihrer Umgebung, so geht es ihr auch darum, durch ihre selbstreflexive Malerei etwas mitzuteilen und den Betrachter dazu einzuladen, es ihr gleich zu tun:

„Wenn ich male [...] transformiere ich das Gesehene. Ich reduziere, löse auf, verdichte. Ich steigere vielleicht Farbwirkung, doch ich definiere stets die Form, gebe diese aus meinem Betrachterstandpunkt heraus wieder. [...] So gebe ich an den Betrachter die Frage weiter, was die Welt ist. Ich erkläre in meinen Arbeiten nicht, ich lasse etwas erklingen. Ich öffne mit meinen Bildern einen Resonanzraum, in dem eine Ahnung von dem steckt, was ich gesehen habe.“[12]

Dagmar Schmengler

12 Zitiert nach Angela Stauber. *Malerei/ Zeichnung/Druckgrafik.* Portfolio ihrer Arbeiten 2010–2014.

WITH ANALYTICAL VISION
An Approach to Angela Stauber's Studio Pictures

Angela Stauber is an analytical observer. This is especially apparent in her works whose theme is the studio. That working space of the artist which, shrouded in mystery, tells of the creative power of its owner is an important point of departure for Stauber's projections of perception. The artist uses painterly means to survey her everyday working world such as she finds it. Her attention is focused on the possibilities for representing the perception of the world – and of her world. For her, the studio is accordingly a microcosm that stands as *pars pro toto.* Remaining in the foreground is the question as to what a picture can be. Thus painting and image are tightly interwoven.

This publication focuses on Stauber's more recent works, created in the years between 2011 and 2014. Her 'themes' have remained the same, but her attitude and painting technique have changed: they are characterised in general by a striking lightness.

1 *introspektiv*

In 2012 the painter was invited to exhibit her work *introspektiv* in the large survey show at the Staatsgalerie Stuttgart *Mythos Atelier. Von Spitzweg bis Picasso, von Giacometti bis Nauman* (Illus. view of installation, p. 50, 51).

Stauber's multipartite work was placed in the large temporary exhibition spaces, at that time still in the arrangement of Sean Rainbird, on the ground floor of the Alte Staatsgalerie. Dating from 2011, it was the most recent exhibition piece in the section on contemporary art. Situated in the large room with the overall title *Reflections on the Studio of the Artist. From the 1970s to Today,* Stauber's *introspektiv* presented a position characterised by a highly individualised investigation of a famous studio image with respect to a 'real site' in art history.

Introspektiv – the title gives apposite expression to Stauber's perspective and manner of working – provides insights from various points of view into a workshop space filled up with objects and only presented in segments: to be seen are corners of the studio with an

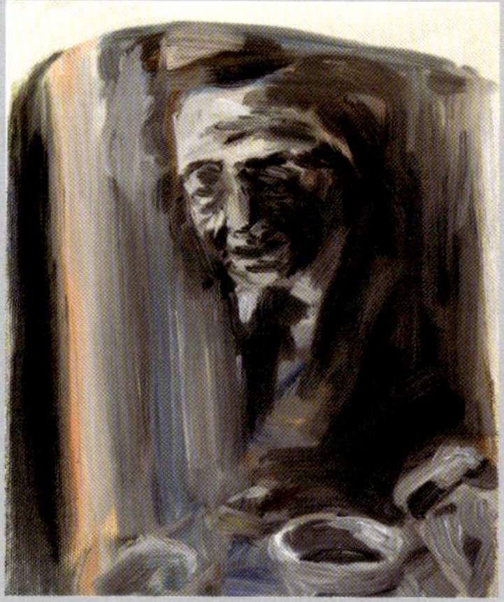

Illus. 1: im Café · 2010
oil on canvas · 30 x 25 cm

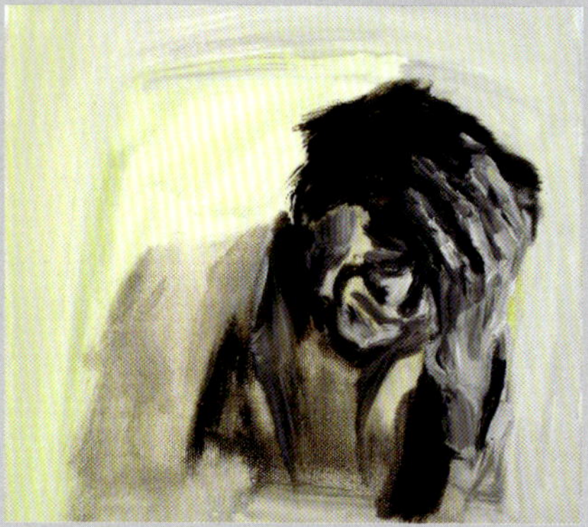

Illus. 2 : auftauchen und abtauchen · 2010
oil on canvas · 30 x 32 cm

accumulation of little, low tables, stools, pictures created on canvas, and sculptures. The working surfaces are covered with stacks of papers and tools. The working atmosphere portrayed here seems at a first glance to be grey in grey, as if the artist wanted to seek out the materiality of creative energy and to affix onto the canvas the very dust of the priming and the plaster models as well as the dried paint. A few pictures show a male artist at work; on the basis of the physiological characterisation and the legendary working environment, it becomes clear that this is the painter, sculptor and graphic artist Alberto Giacometti. Stauber presents him as a multifaceted artist working in various media – one time as a sculptor shaping and moulding at his worktable, another time sitting in front of an easel.

In pictures preceding the series *introspektiv,* Stauber once portrays this artist pausing for a moment; she focuses on his face, which seems to be marked by exhaustion.**Illus 1** Another time, she characterises him as brooding-doubting, even despairing.**Illus 2** Flaring up here is the myth of the creative genius Giacometti, working to the point of exhaustion and being seldom satisfied. As a portrait painter, Stauber shows the highest degree of sensitivity for the characterisation of his emotional state. More so than any other example from classic modernism, Giacometti's studio was closely linked to the creative output and personal nature of its artist: even while he was still living, he was stylised into an 'icon' and 'brand' – and not only in relation to his studio.[1]

Angela Stauber seems to make observations with the means at her disposal, and she soberly describes what she sees. She tracks down the legendary creative chaos in Giacometti's studio, shifts between glazed and pastose paint. So-called non-colours – that is, black and white – dominate the depicted scenes; her brushstroke is gestural. The black-and-white tonality is disrupted by a few traces of the brush set as accents in blue, red, yellow and green. They may be understood as references to the personal perception of the play of light observed on the original illustrations. In this way, as well as through the interplay between precisely rendered details and fleeting, imprecise representations, the artist establishes a deliberate distance to the depicted contents. At the same time, she creates a tension between the scarcely recognisable motif being depicted and her own manner of working. The colouration seems to withdraw into the background with respect to the painterly techniques that are intended above all to create effects – for instance, the interplay of light and shadow in the picture.

Many of the small-format canvases have narrow white edges alongside the studio scenes. They indicate that the works were done according to models from a book. They are reproductions of photographs from one of the numerous books published about Giacometti's most important studio: the tiny living and working atelier at No. 46 rue Hippolyte-Maindron in the Montparnasse quarter of Paris, where the artist resided from 1926 onwards.[2]

1 See Véronique Wiesinger, 'Laboratorium und Mythos. Alberto Giacomettis Atelier', in *Mythos Atelier. Von Spitzweg bis Picasso, von Giacometti bis Nauman*, ed. Ina Conzen (exhib. cat. Staatsgalerie Stuttgart), Munich 2012, pp. 172–91.

2 See Hélène Pinet, 'Point d'arrivée. Point de départ. Photographies de l'artiste dans son atelier', *in The Studio of Alberto Giacometti. Collection of the Fondation Alberto et Annette Giacometti*, ed. Véronique Wiesinger (exhib. cat. Centre Pompidou, Paris), Paris 2007, pp. 52–75.

The artist is obviously not concerned with a faithful rendering and revealing of the legendary creative chaos in the studio of this artist and the *realité d'objets* that predominated there. Stauber is interested in recording a moment, that which has just been seen, the here and now. Especially evident in the small, spatially predetermined and densely packed pictures are above all the effects of light and shadow, which make reference to the previous and subsequent aspects of a depicted moment. Thus Stauber brings to the fore Giacometti's creative process, which was characterised by a constant searching, finding, discarding, destroying and recommencing. The manner of painting supports the creative process brought to light in these pictures, inasmuch as it becomes a means of reflection – or perhaps, more precisely, the instrument for a systematic investigation. But the goal is not to find answers but to preserve an open, project-like character. The active viewer is given the possibility of thinking his[3] way into the situation of the artistic process, participating in it. Thus in Angela Stauber's work, a forensic investigation of the studio ambience proceeding from Giacometti (and also from Lucian Freud) attains significance as an identity-engendering activity[4]. Artistry as such is ushered before a mirror by Stauber's self-inquiry.

3 For the purpose of better legibility, use will be made in what follows of the masculine grammatical form, which, however, should be understood as referring to both sexes.

4 Ina Conzen, 'Wiedereinstieg ins Atelier-Bild. Von den 1970er-Jahren bis heute', in Conzen 2012 (see note 1), pp. 200 ff.

2 *Innen Raum*

A photograph **Illus. 3** documents the basic idea behind the eight large-format oil paintings of the 2013/14 series *Innen Raum* ('Interior Space'). It shows the view in Stauber's Munich studio from the corridor into the opposite room. We see such typical motifs of the iconography of the interior as door, window, corner and recess, sections of pieces of furniture and – more to be intuited than recognised – a canvas leant up against the wall. The 'Interior Space' proves to be the studio of the artist.

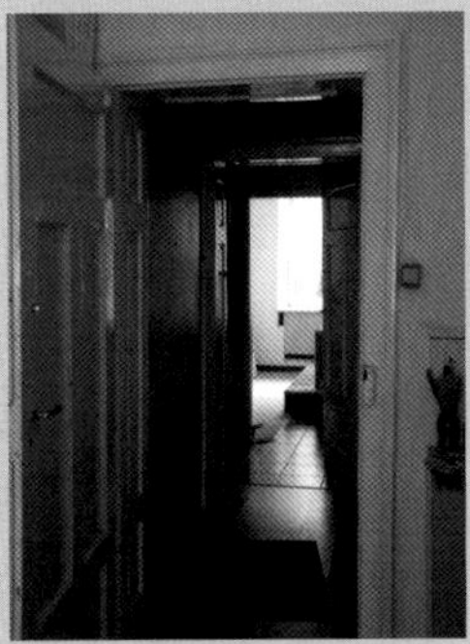

Illus. 3:
Photograph: View into the opposite room

The painter's endeavour to variously represent and investigate a section of her everyday environment becomes all the more clear: there are eight versions of the same initial situation. Vanishing-point perspective as well as relationships of light plays a fundamental role for the analytical observer. With this inspiration, she realises her idea of trying out black-primed canvases in addition to the customary white-primed ones, with the goal of counterbalancing the rapidly changing light conditions with an adequate extreme.[5]

5 Studio conversation between the painter and the author on 7/8 July 2014 in Munich. Stauber reported that the canvas primed in brown was still being prepared as a medium.

In Stauber's pictures, the actual 'Interior Space' remains what it originally was: the view from one space into the next. The theme and also the manner of Stauber's visual gradation in the pictorial space are reminiscent of depictions of interiors in Dutch painting. We are familiar with windows and mirrors as metaphors for the endeavours of the perspectival-illusionistic painting of the modern era. Yet true-to-life representation was subject to the demands of truthfulness. As already recognised by Eva Wattolik, Angela Stauber pursues this *ad absurdum.*[6]

6 See Eva Wattolik, 'Tiefer Raum und Fremde Welt', *in Tiefer Raum und Fremde Welt*, ed. Kunstverein Aichach e.V. (exhib. cat. Kunstverein Aichach), Munich 2009, n.p.

Stauber chooses this segment, a view of some details from her studio, in order to sensitise her own and the viewer's vision for what happens with this originally captured pictorial motif. The black- or white-primed canvas establishes the space. Now the challenge for Stauber is to explore this space with the aid of light, because where light is refracted, secrets are revealed. And the transformation then occurs during the process of painting: Angela Stauber's manner of painting seems to conform to a dynamism arising out of the picture itself and thereby detaches itself from the impression of what is seen. She observes the forms and contours, the sparkling surfaces, the effects of colour, and affixes them to the canvas, only to simultaneously dissolve and distort them through a rapid, gestural flow and a slightly shifting perspective. If in a wider sense the white canvas stands in motivic terms for light, it is noticeable that the depth of the space can only be surmised (Innen Raum V, Innen Raum VII, p. S. 22, 23). Through these examples, the painter elucidates the artistic device that she calls the 'tilting aspect': motif and ground permeate each other, and the resultant, intended ambiguity of what is seen is emphatically manifested.[7] This opens up a further level of meaning: the oscillation between surface and depth, between motif and ground, stands symbolically for simultaneity. Stauber explains that it is possible to be located physically in one place but psychologically in another. She observes that this interpenetration of levels gives rise in the pictures to such 'intermediate worlds', whose interpretive leeway she seeks to explore for herself.[8]

The transparency of the painted surfaces of the white *Innen Raum* pictures creates a highly individualised, dynamic relationship to the black pictorial counterparts (Illus. Innen Raum I, II, III, VI, p. 17, 18, 19, 21). Here the mirrorings that result from observation by means of the light in no way pursue a romanticising intention.[9] With Stauber, light generally represents day. In order to affix this reflective capacity onto the painting surface, Stauber mixes resin in turpentine oil. **Illus 3**

The curatorial concept for Stauber's exhibition at the Kulturhalle in the Neuer Pfaffenhofener Kunstverein e.V. used variously placed partitions to block the view into the entire exhibition space. At the same time, however, the painting on its respective partition conveyed the illusion of a spatial opening through the image. The space thereby opens itself up to the viewer in another way: he sees his mirrored image in *Innen Raum* and thereby comes to participate in both spaces – the illusory space and the real (exhibition) space.

Thus in the *Innen Raum* works, Stauber is only superficially concerned with the visible surface and illusionistic depth of a spatial image. The illusory space of the canvas allows the invisible to become visible. Hidden behind a first layer is far more than we are able to see. The further layers provide indications. They suggest that our perception itself is many-layered and moves on various levels that characterise the individual one. For Stauber the image of space is a symbol for the location of the human being himself. 'Interior Space' thereby becomes a space of association: the active viewer is once again summoned to inquire within himself.

7 Studio conversation between the painter and the author on 7/8 July 2014 in Munich.

8 Results of the studio conversation between the painter and the author on 7/8 July 2014 in Munich.

9 The non-colouration of Stauber's pictures is not to be equated with 'darkness' or 'night', and the handling of light is not intended to express any sort of romantic melancholy, such as in the depicted night scene of the famous studio picture *Malerstube im Mondschein* ('Painter's Studio in the Moonlight') by Carl Gustav Carus from 1826 (Staatliche Kunsthalle Karlsruhe). See studio conversation between the painter and the author on 7/8 July 2014 in Munich.

3 Objects in the studio: *Bücher* and *de-illusions*

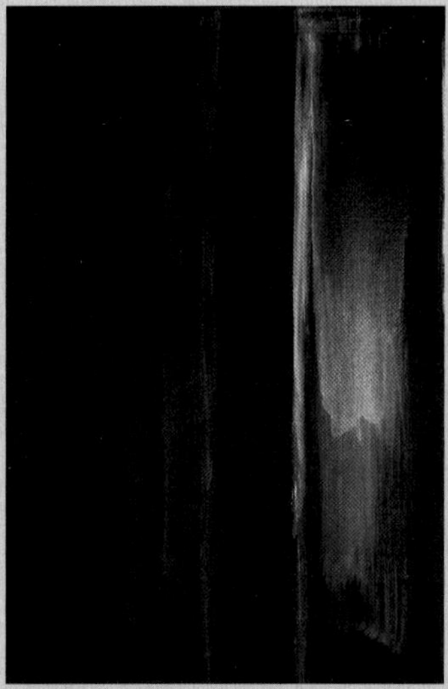

Illus. 4: Detail **Innen Raum 1**

In the microcosm of Stauber's studio, there are such everyday objects as books, packets of biscuits, staple guns etc. (p. 26–31, p. 35–41). They occasion the painter's interest primarily as 'optical phenomena'.[10] Exactly observing and painting from various points of view gives rise to quite different depths in the picture. This apparently unlimited number of representational possibilities fascinates Stauber. In addition, there are the creative positions in response to varying light conditions in the space, which further favour the free space available for variation. Both the sequence of work *Bücher* ('Books') from 2013 and the series *de-illusions* from 2014 could thus be extended in never-ending painterly variations. Gathered into groups, they serve to convey various perspectives and perceptual levels of the observer.

10 Results of the studio conversation between the painter and the author on 7/8 July 2014 in Munich.

Adapting to the size and nature of the objects, the painter selects smaller formats for the canvases. Stauber paints with thin glazes alternately on white- and black-primed canvases, which give further support to brilliance and depth. Unpainted areas leave the ground visible in some sections of the picture. The primed surface is thus an integral component of Stauber's manner of painting.

The sketch-like character of the pictures, the respective capturing of the variable light conditions, and the gesture of applying paint favour the concentration on and perception of the representation of temporality. As a group, such as is indicated by the examples for a hanging (p. 44, 45), the various, small-format 'thing'-pictures function like film stills: frozen in an instant of movement.[11]

11 See studio conversation between the painter and the author on 7/8 July 2014 in Munich.

As arbitrary or even almost banal as the selection of motifs with regard to the objects in the studio may seem, it is all the more fascinating to observe how the artist here too is able to capture the spatial and temporal factors by painterly means. The painter Angela Stauber chooses her own surroundings and the concomitant objects as her theme. Or, what is more: painting is the theme within the theme. If Stauber is concerned with a precise and systematic investigation of her environment, then she also seeks by means of her self-reflective painting to communicate something and to invite the viewer to do the same:

'When I paint, [...] I transform what I see. I reduce, dissolve, condense. I perhaps enhance the impact of colour, but I always define the form, issue it from my own viewing perspective. [...] Thus I pass on to the viewer the question as to what the world is. I do not offer explanations in my works; I allow something to manifest itself as sound. With my pictures, I open up a resonance space in which there is an intuition of what I have seen.' [12]

12 Quoted according to *Angela Stauber. Malerei/Zeichnung/Druckgrafik*, portfolio of her works from 2010 to 2014.

Dagmar Schmengler

INNEN RAUM

Innen Raum 1 · 2013
Öl auf Leinwand · *oil on canvas*
150 x 130 cm

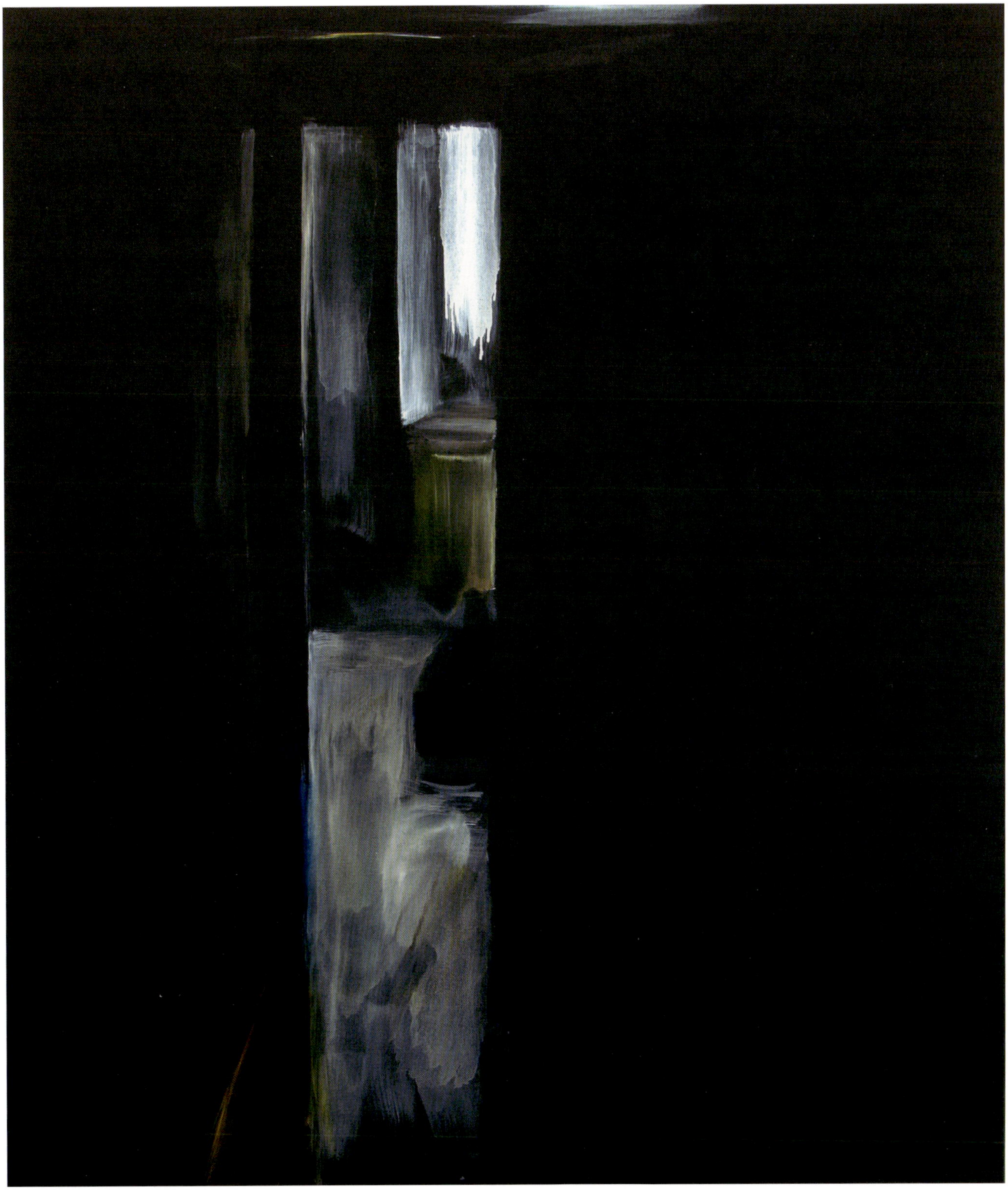

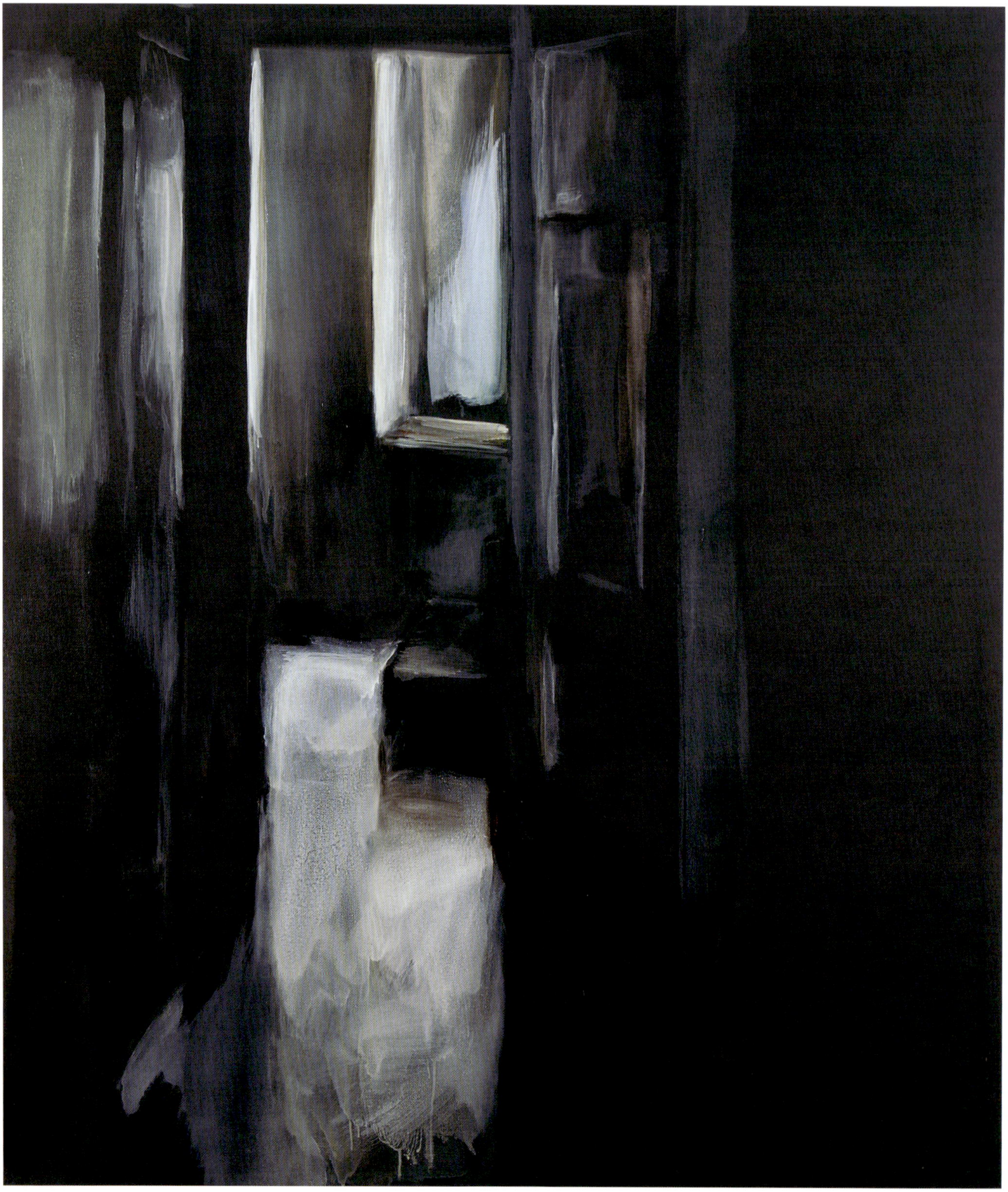

Innen Raum 2 · 2013
Öl auf Leinwand · *oil on canvas*
150 x 130 cm

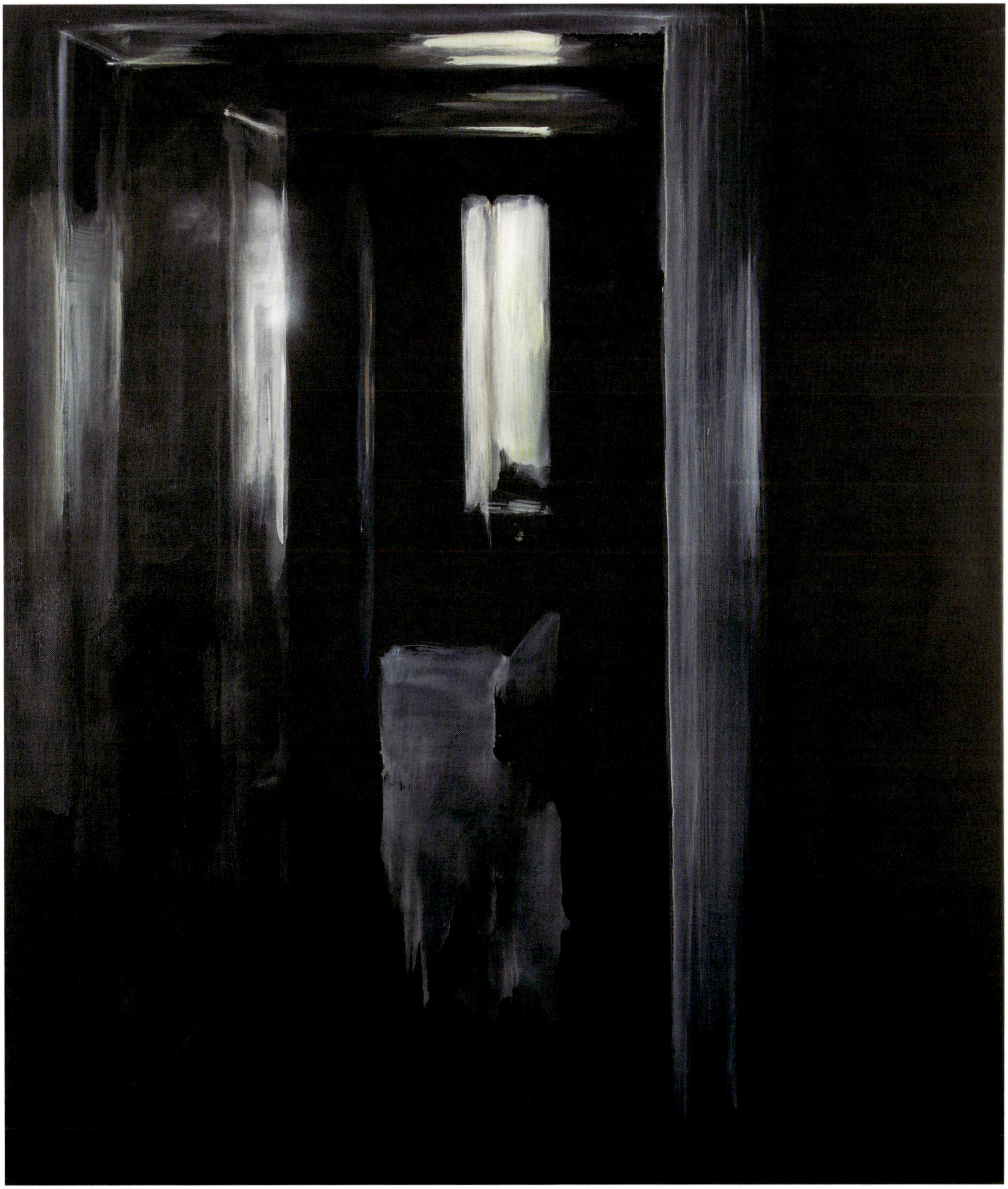

Innen Raum 3 · 2013
Öl auf Leinwand · *oil on canvas*
150 x 130 cm

Innen Raum 6 · 2013
Öl auf Leinwand · *oil on canvas*
150 x 130 cm

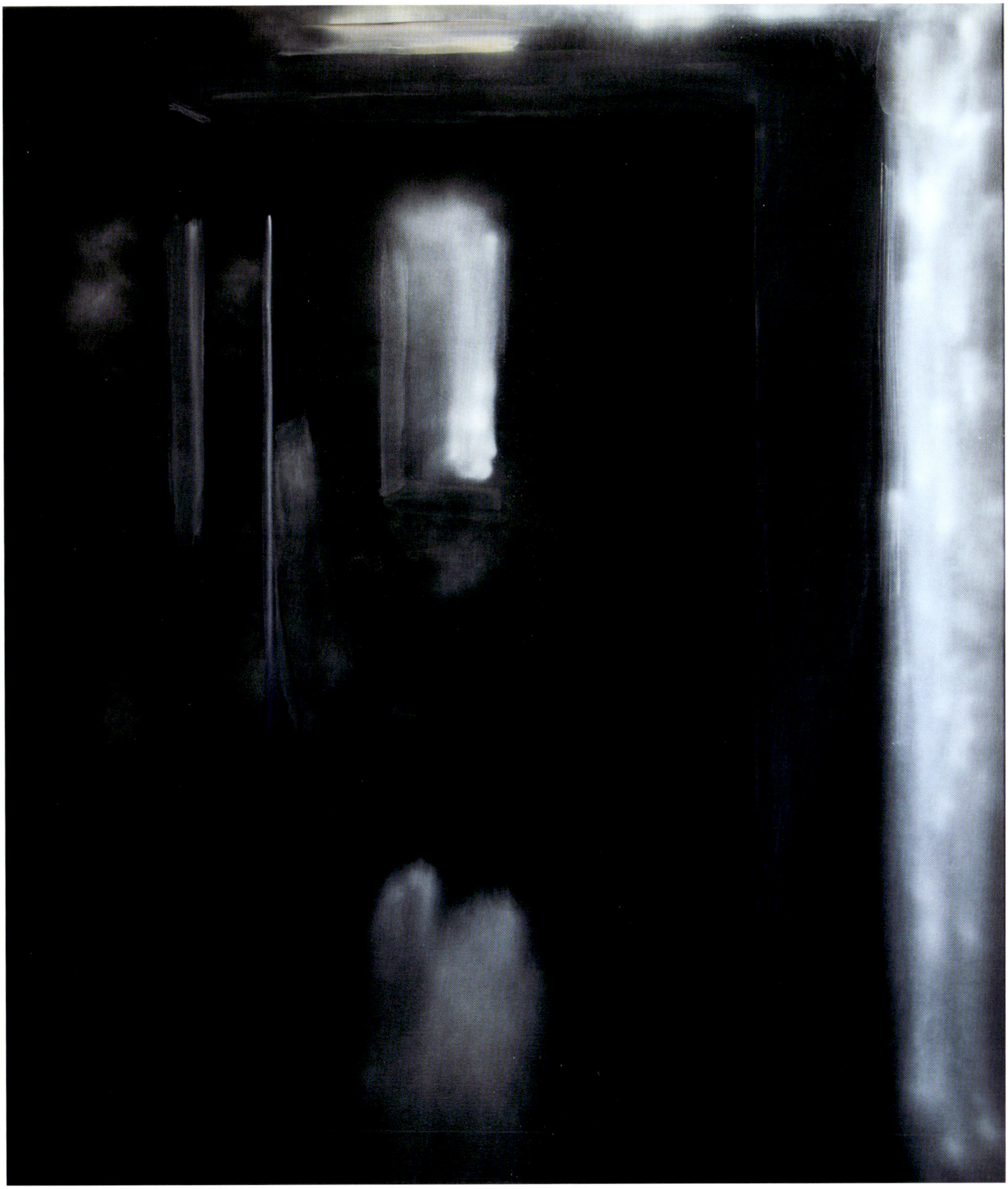

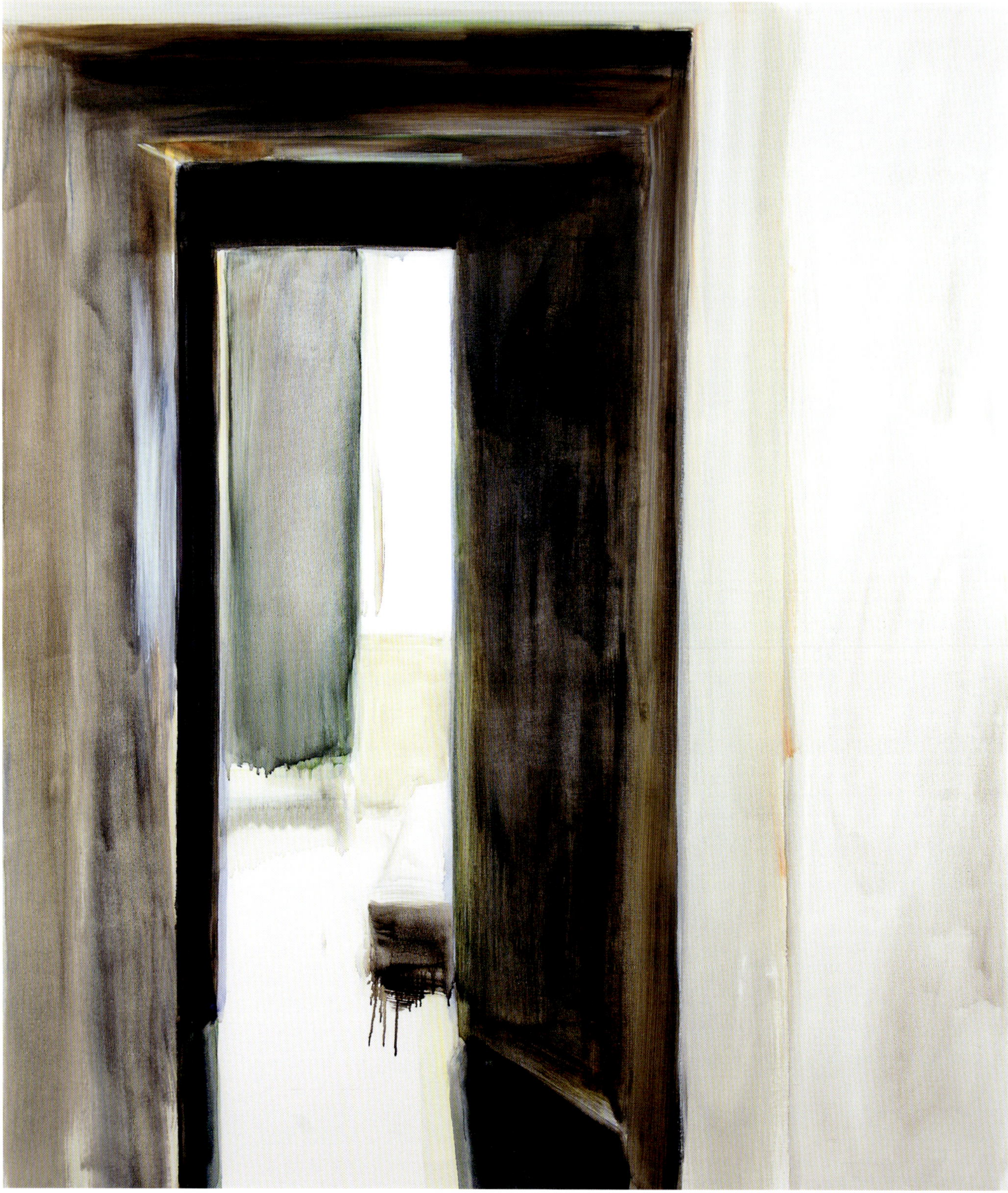

Innen Raum 5 · 2013
Öl auf Leinwand · *oil on canvas*
150 x 130 cm

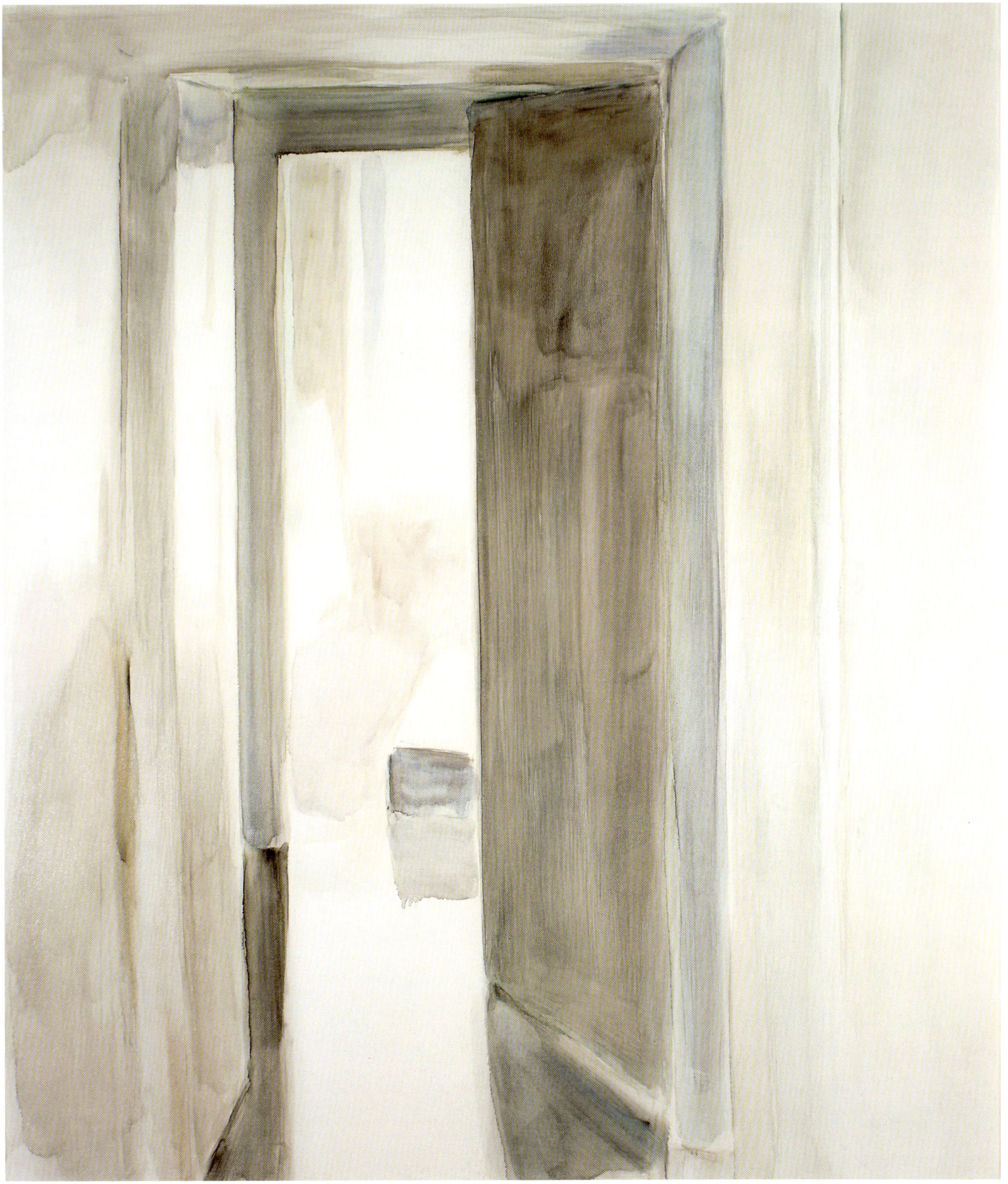

Innen Raum 7 · 2013
Öl auf Leinwand · *oil on canvas*
150 x 130 cm

Raum · 2014
Öl auf Leinwand · *oil on canvas*
150 x 130 cm

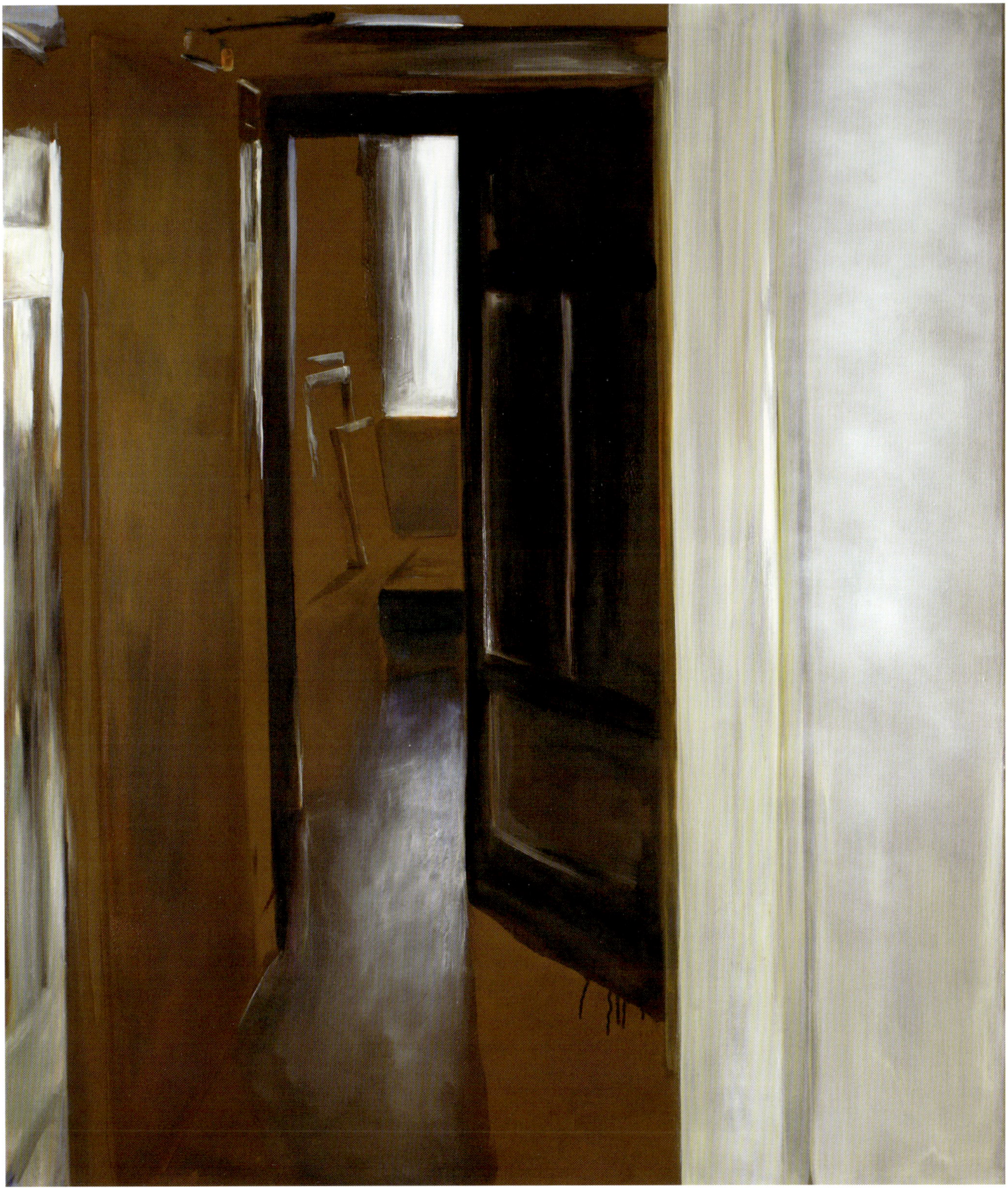

BÜCHER

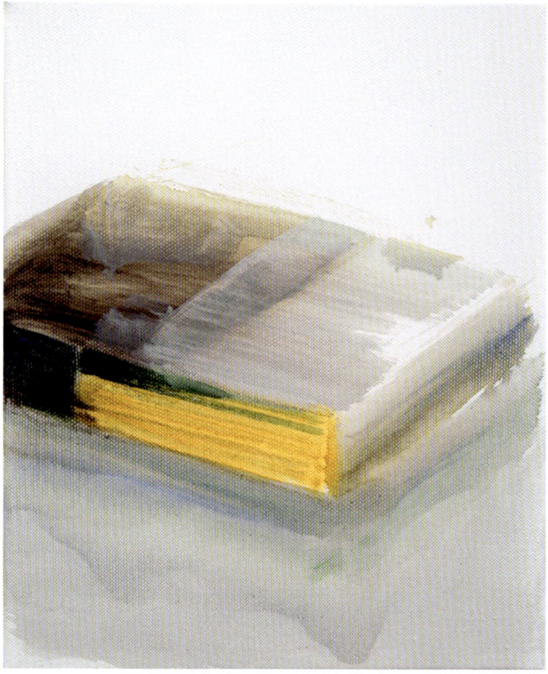

Buch 1 · 2013
Öl auf Leinwand · *oil on canvas*
30 x 25 cm

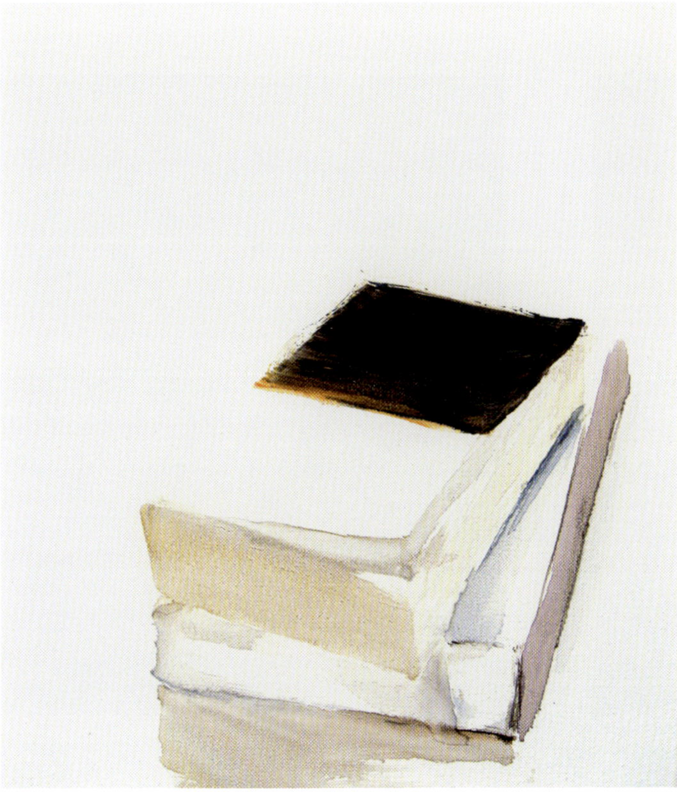

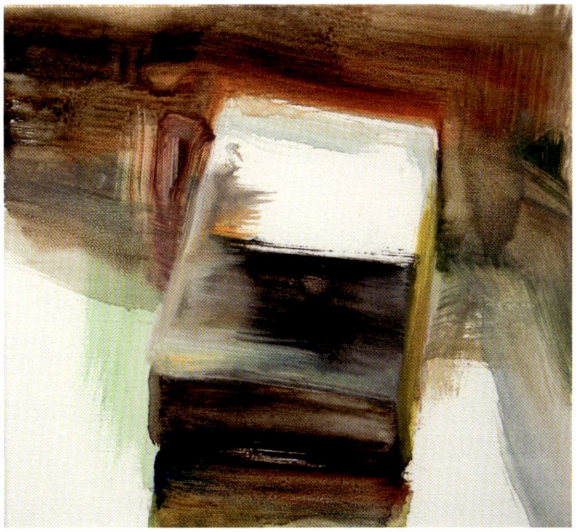

Bücherstapel 1 · 2013
Öl auf Leinwand · *oil on canvas*
35 x 30 cm

Buch 3 · 2013
Öl auf Leinwand · *oil on canvas*
25 x 28 cm

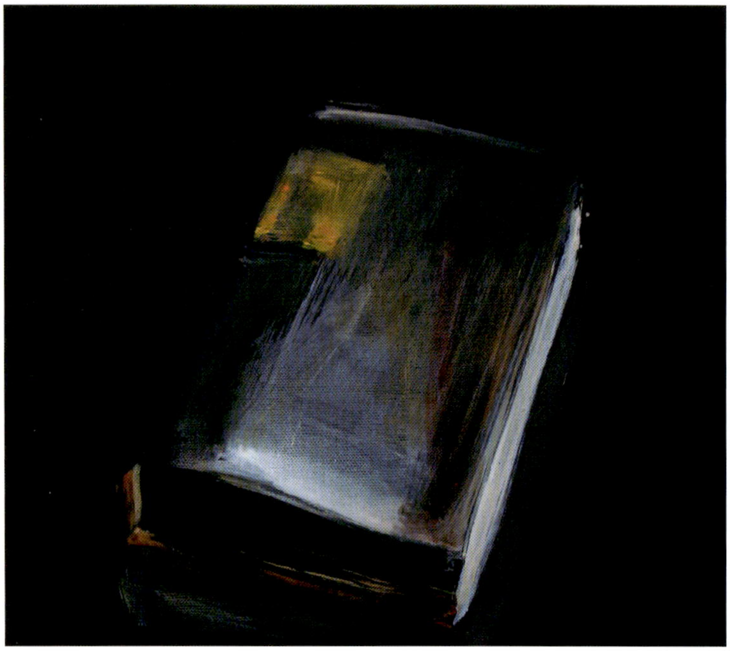

Buch, schwarz 1 · 2013
Öl auf Leinwand · *oil on canvas*
30 x 35 cm

Buch, schwarz 3 · 2013
Öl auf Leinwand · *oil on canvas*
30 x 25 cm

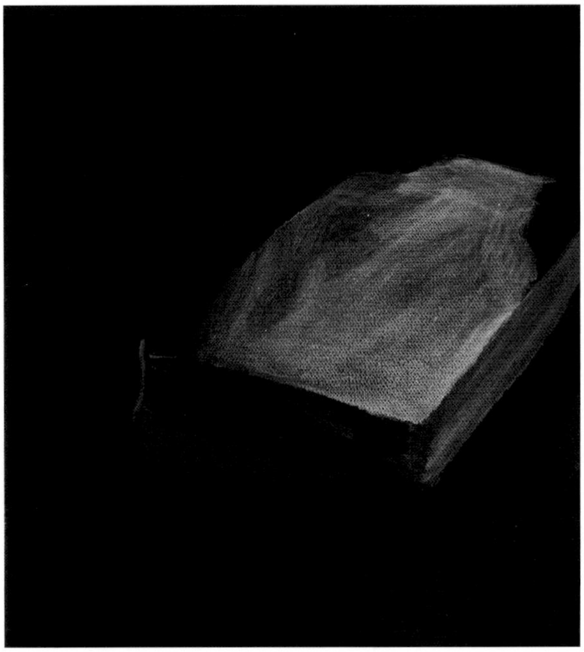

Buch, schwarz 4 · 2013
Öl auf Leinwand · *oil on canvas*
30 x 28 cm

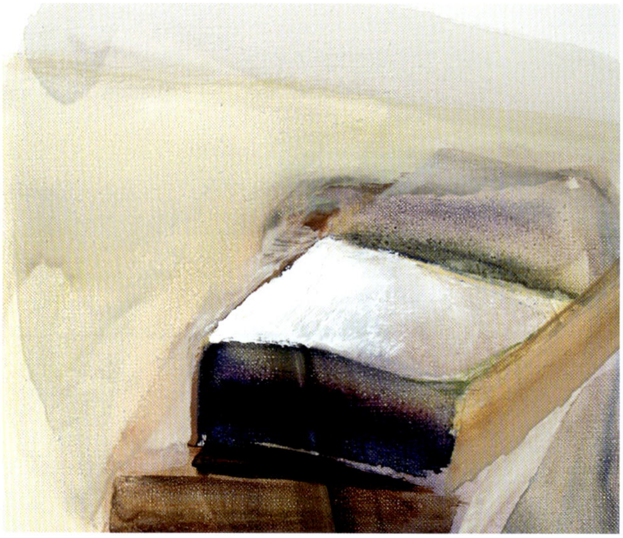

Buch, spiegelnd 2 · 2013
Öl auf Leinwand · *oil on canvas*
35 x 30 cm

Buch 6 · 2013
Öl auf Leinwand · *oil on canvas*
25 x 30 cm

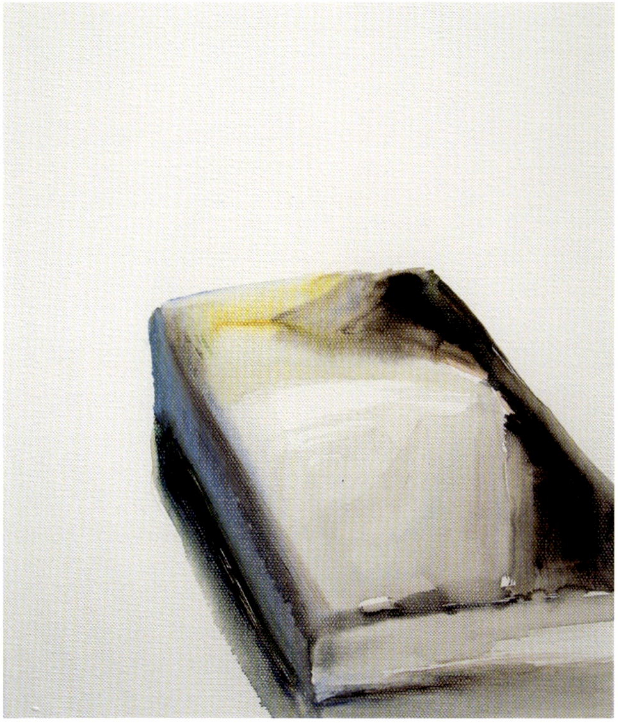

Buch, spiegelnd 1 · 2013
Öl auf Leinwand · *oil on canvas*
35 x 30 cm

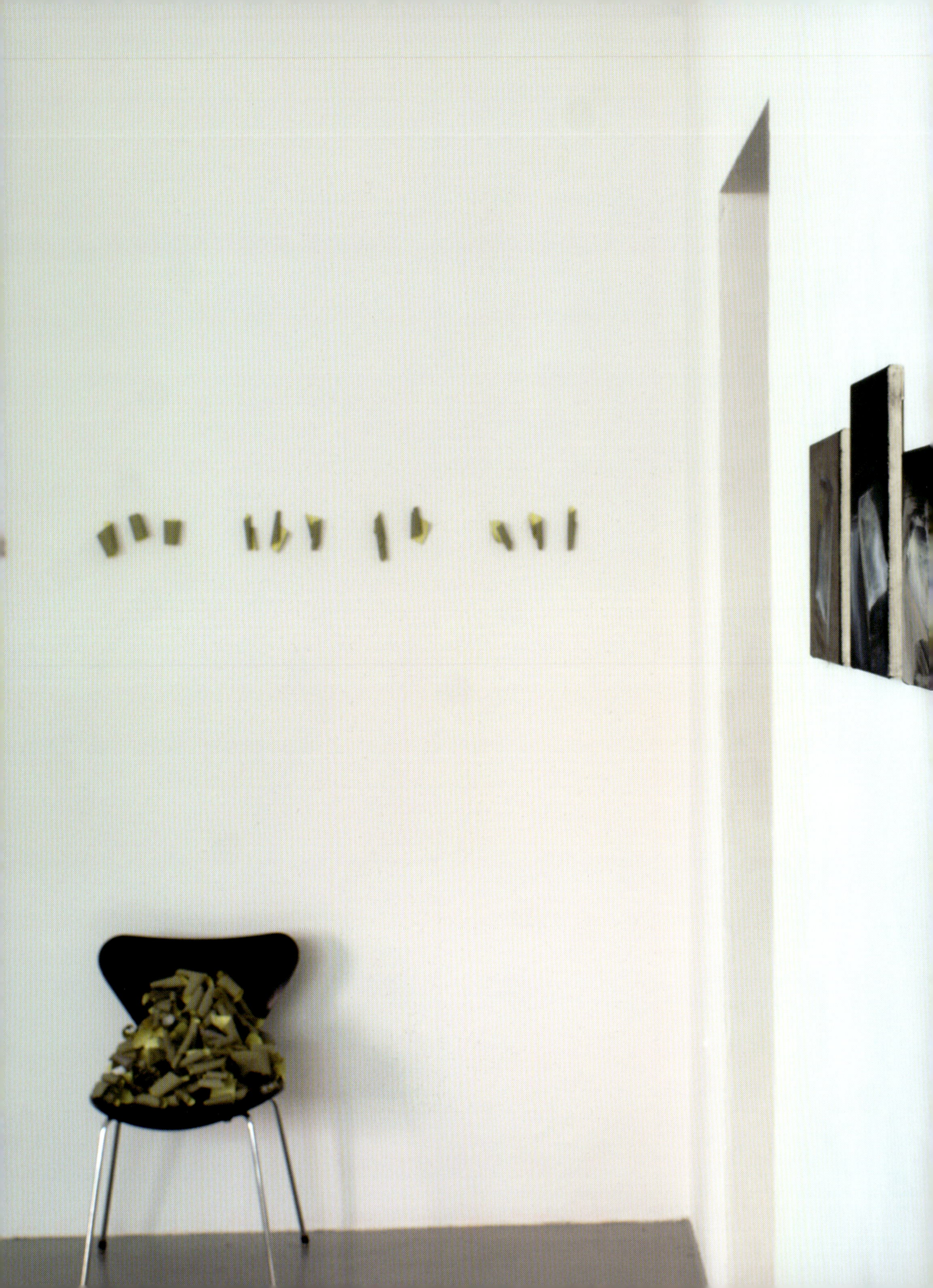

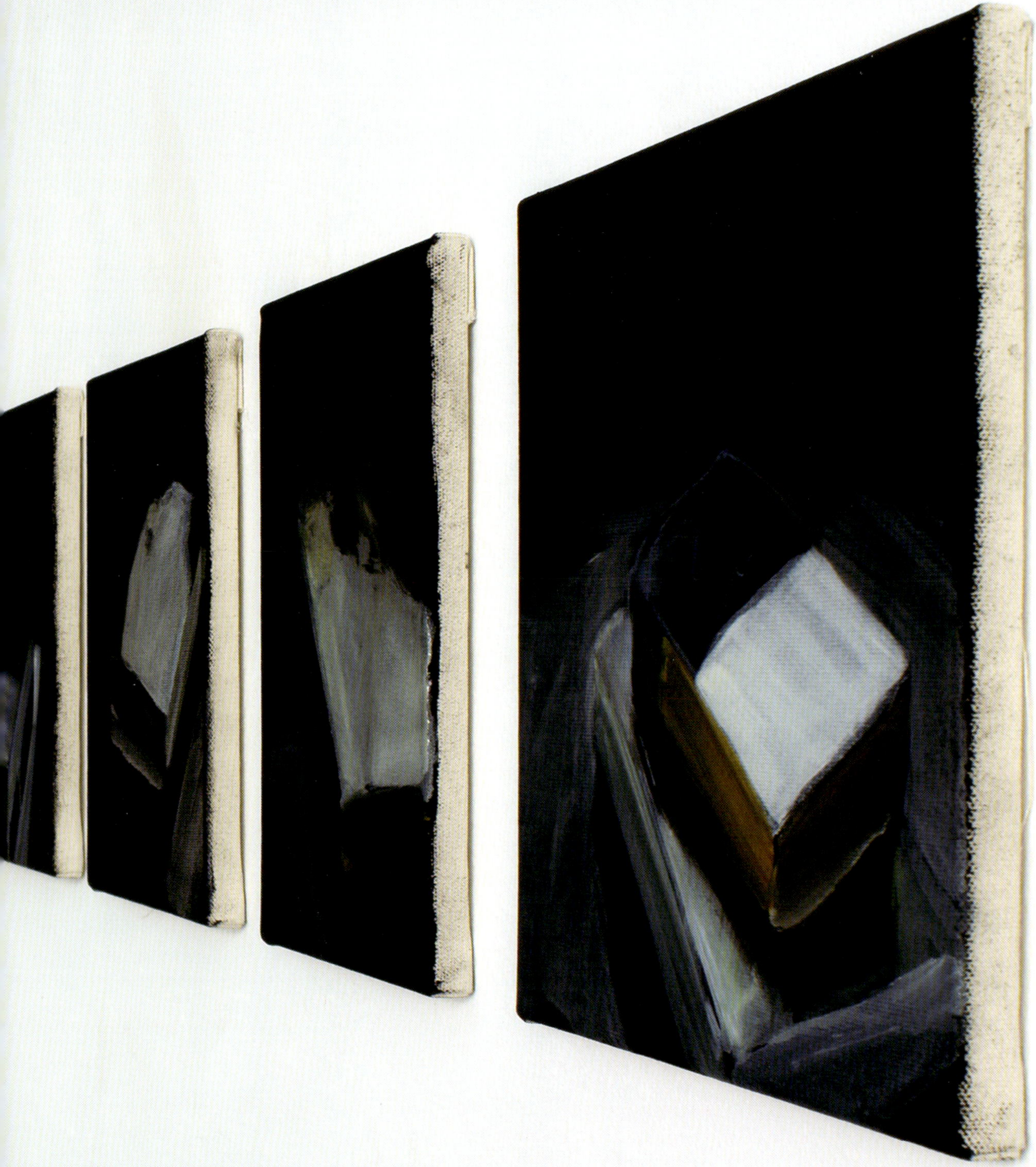

AVANZI · 2014 · Artothek München
Kooperation zur Finissage der Ausstellung von Albert Coers
collaboration in the finissage of the exhibition by Albert Coers

links · *left:* Albert Coers · **OFFICIAL BUSINESS – Inoltra** · 2010-14
Nachsende-Etiketten von an den Künstler umgeleiteter Post
rechts · *right:* Angela Stauber · **Bücher**

DE-ILLUSIONS

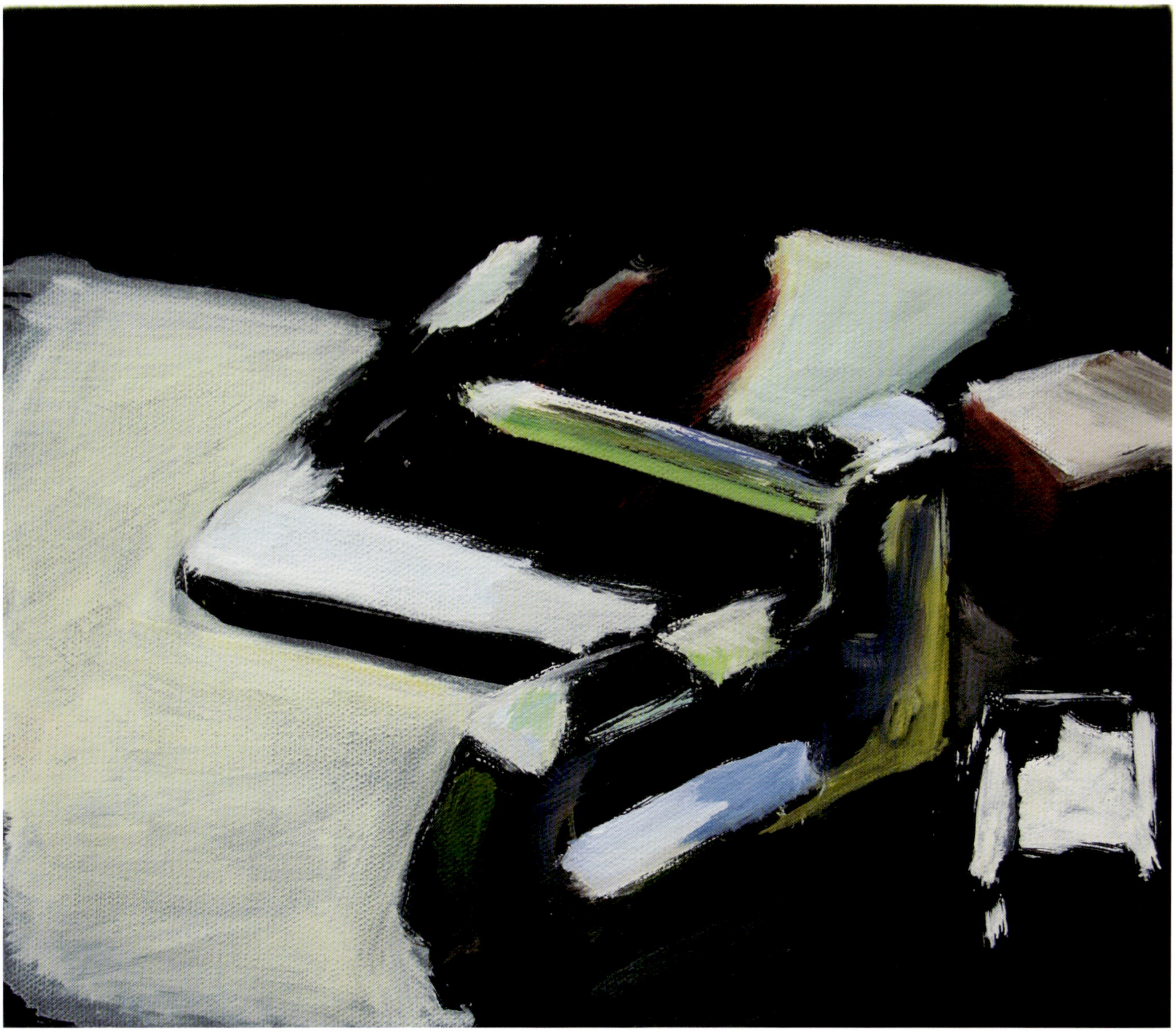

Das Leben der Dinge · 2014
Öl auf Leinwand · *oil on canvas*
30 x 35 cm

offen · 2014
Öl auf Leinwand · *oil on canvas*
25 x 30 cm

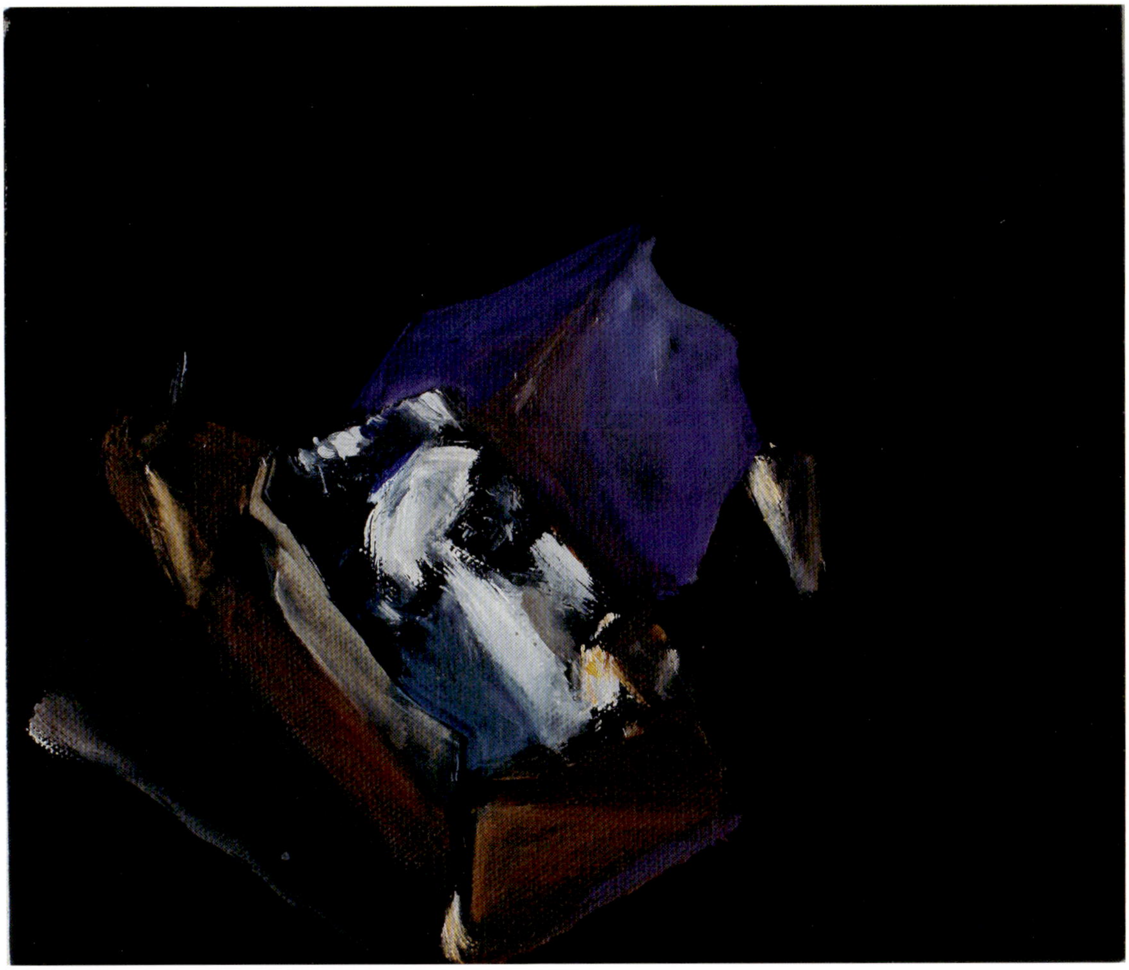

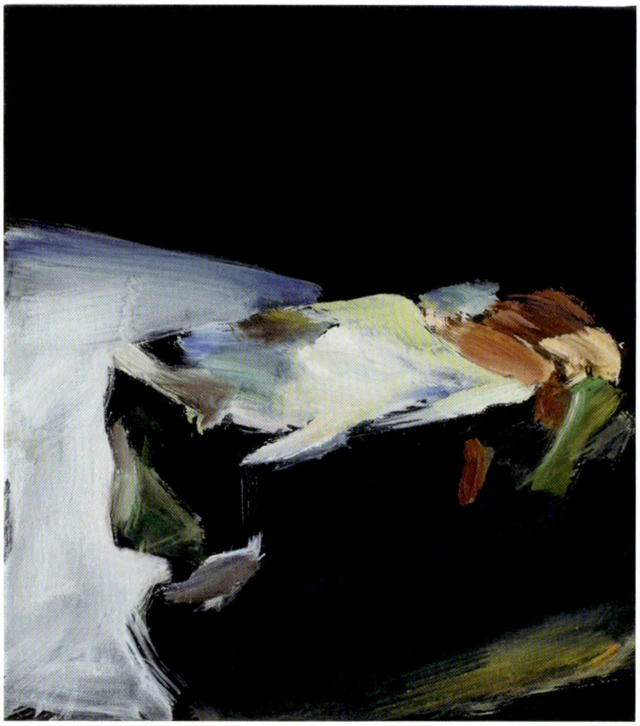

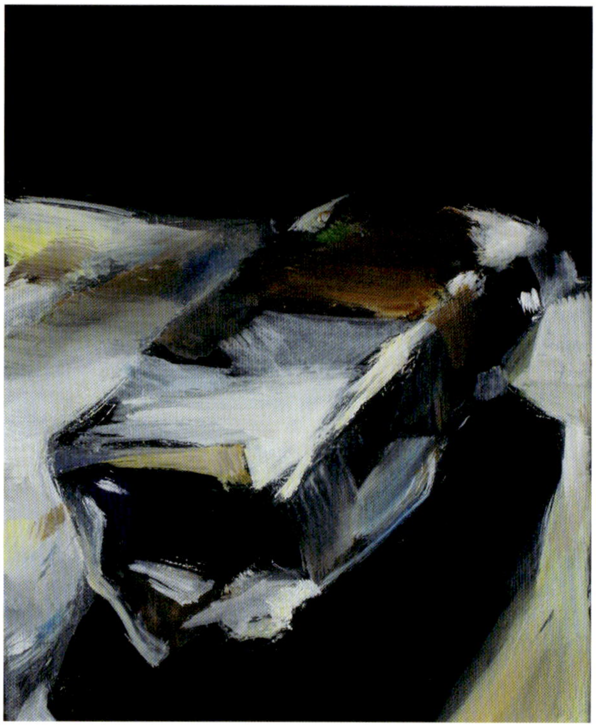

de-illusion 1 · 2014
Öl auf Leinwand · *oil on canvas*
30 x 28 cm

de-illusion 4 · 2014
Öl auf Leinwand · *oil on canvas*
30 x 25 cm

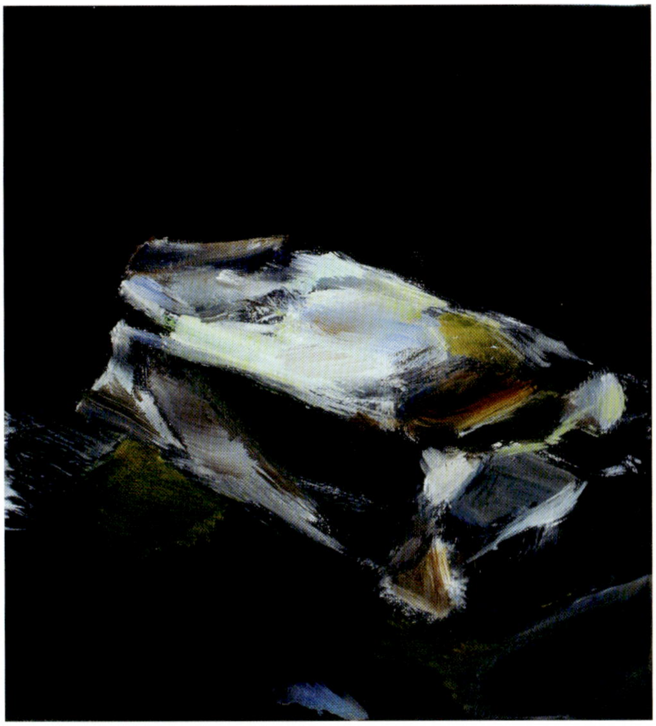

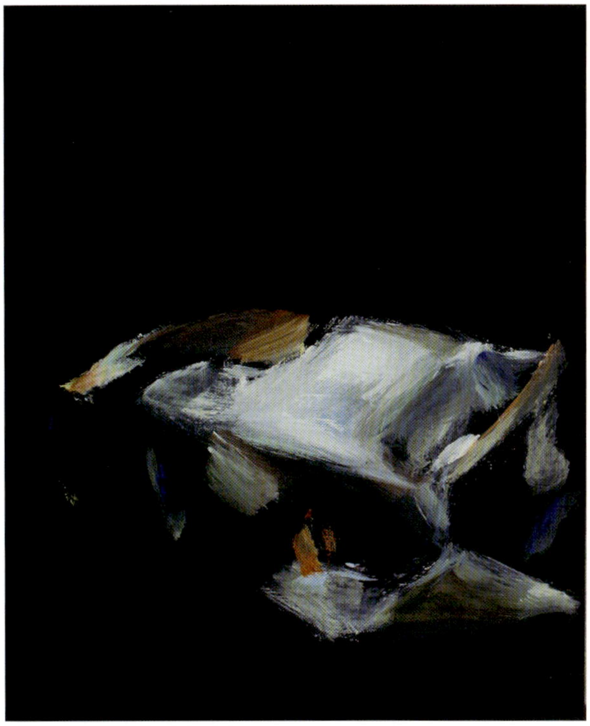

de-illusion 2 · 2014
Öl auf Leinwand · *oil on canvas*
30 x 25 cm

de-illusion 3 · 2014
Öl auf Leinwand · *oil on canvas*
30 x 28 cm

Farbflächen und ein Glas · 2014
Öl auf Leinwand · *oil on canvas*
25 x 20 cm

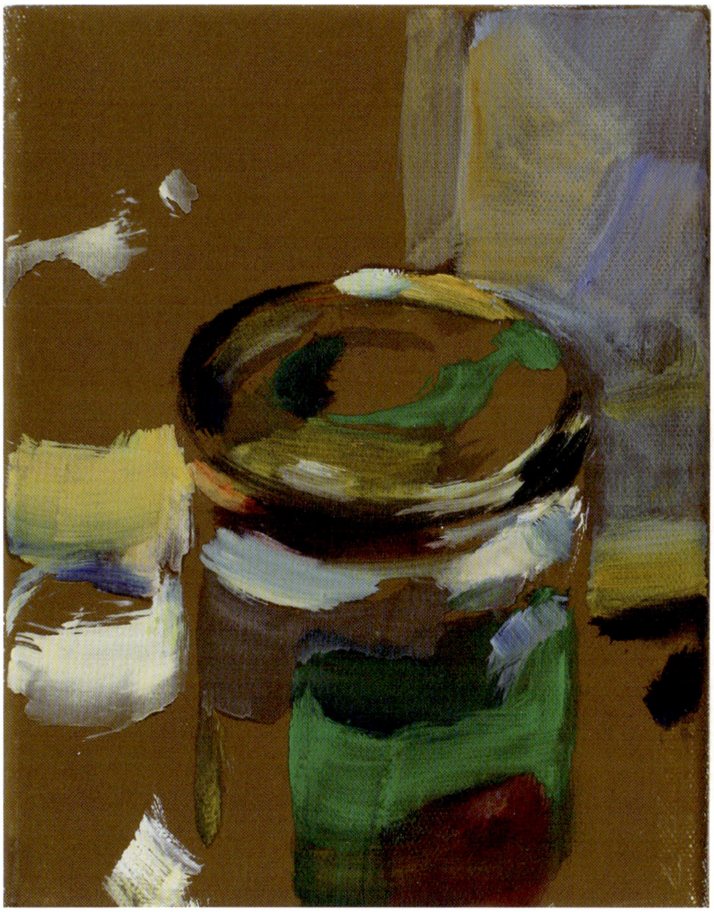

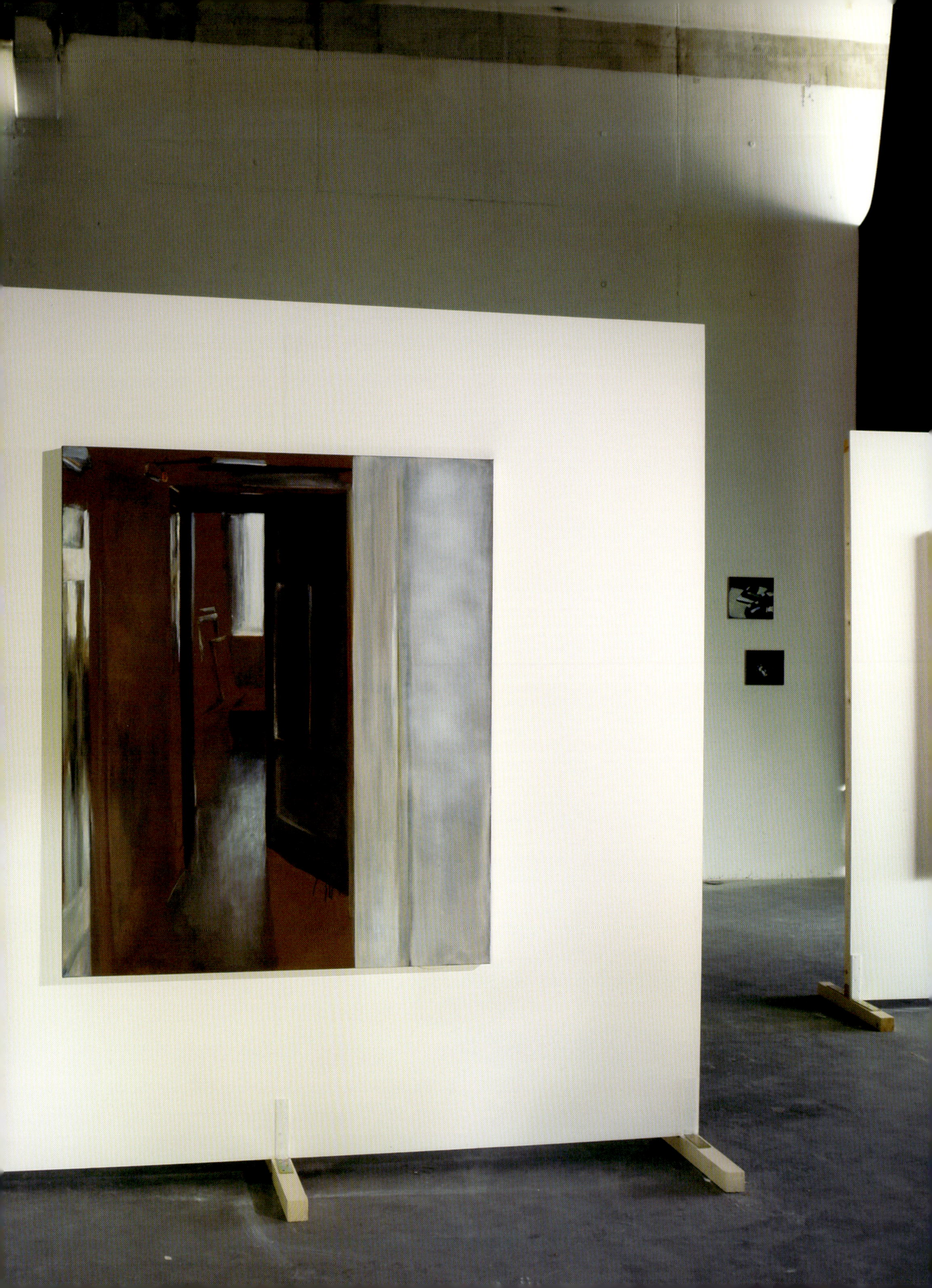

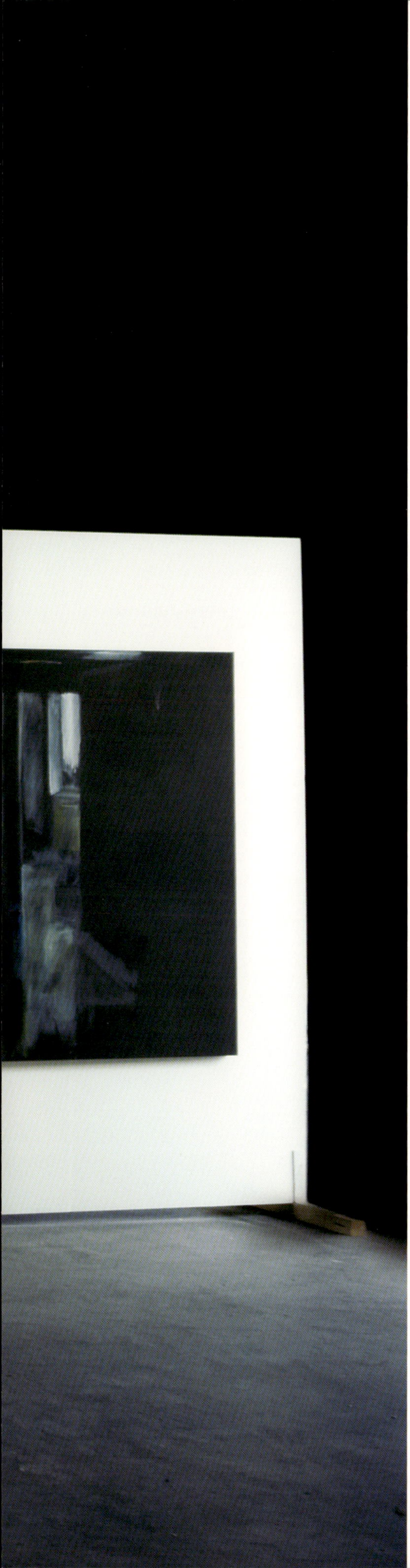

„Das kuratorische Konzept für Staubers Ausstellung in der Kulturhalle im Neuen Pfaffenhofener Kunstverein e.V. versperrte durch verschieden platzierte Stellwände den Blick in den ganzen Ausstellungsraum. Gleichzeitig aber gab das Gemälde auf der Stellwand die Illusion einer Raumöffnung durch das Bild vor. [...]"
Dagmar Schmengler, Seite 8

'The curatorial concept for Stauber's exhibition at the Kulturhalle in the Neuer Pfaffenhofener Kunstverein e.V. used variously-placed partitions to block the view into the entire exhibition space. At the same time, however, the respective paintings on the partitions conveyed the illusion of a spatial opening through the image. [...]'
Dagmar Schmengler, page 14

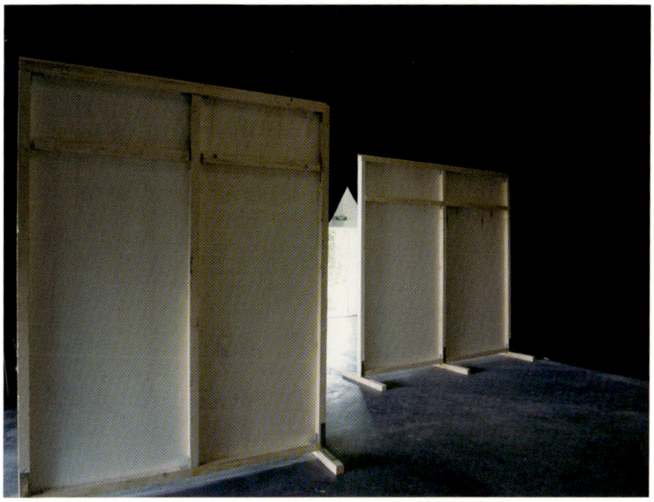

Mundus, mundi · 2014
Neuer Kunstverein Pfaffenhofen

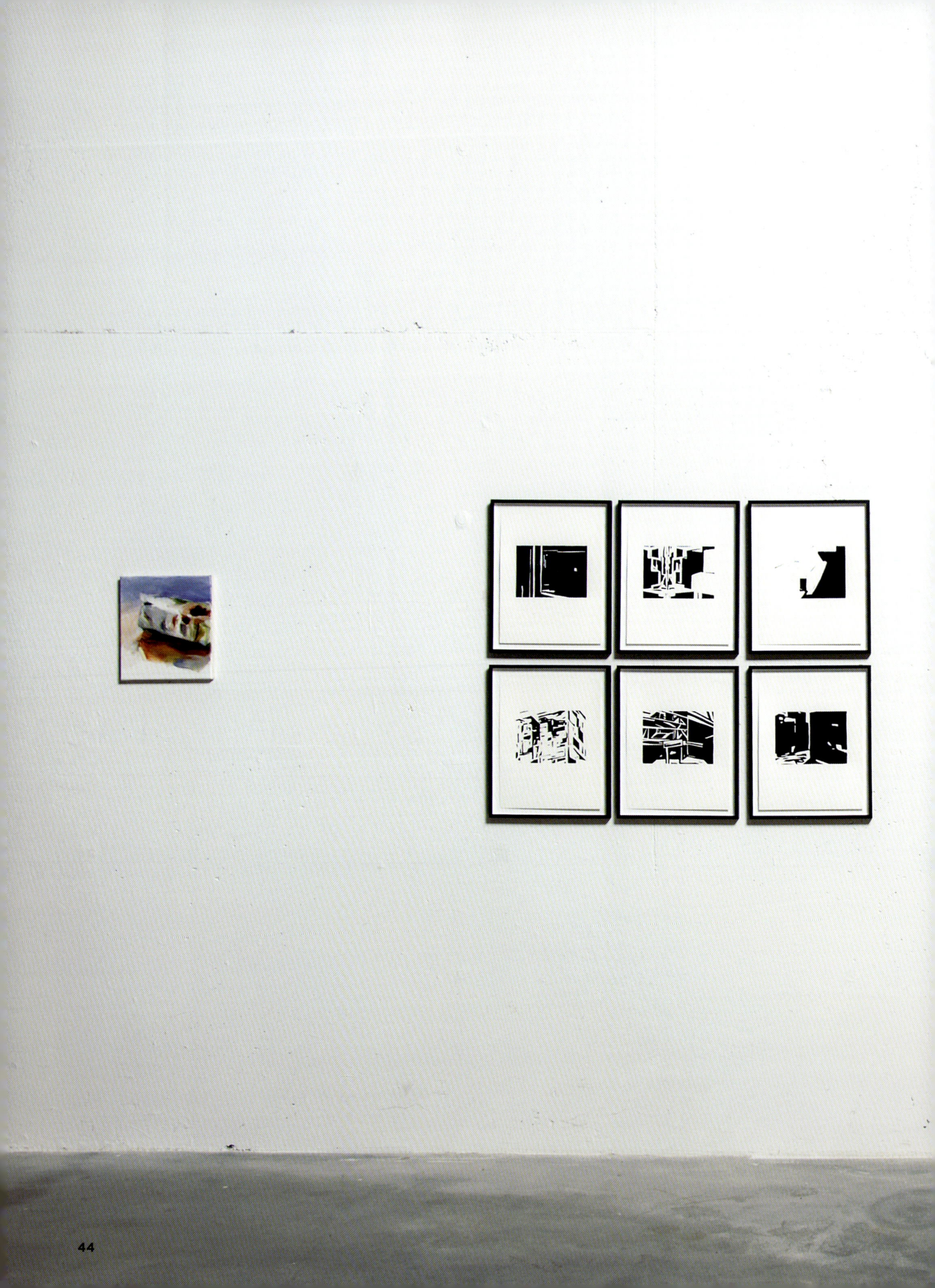

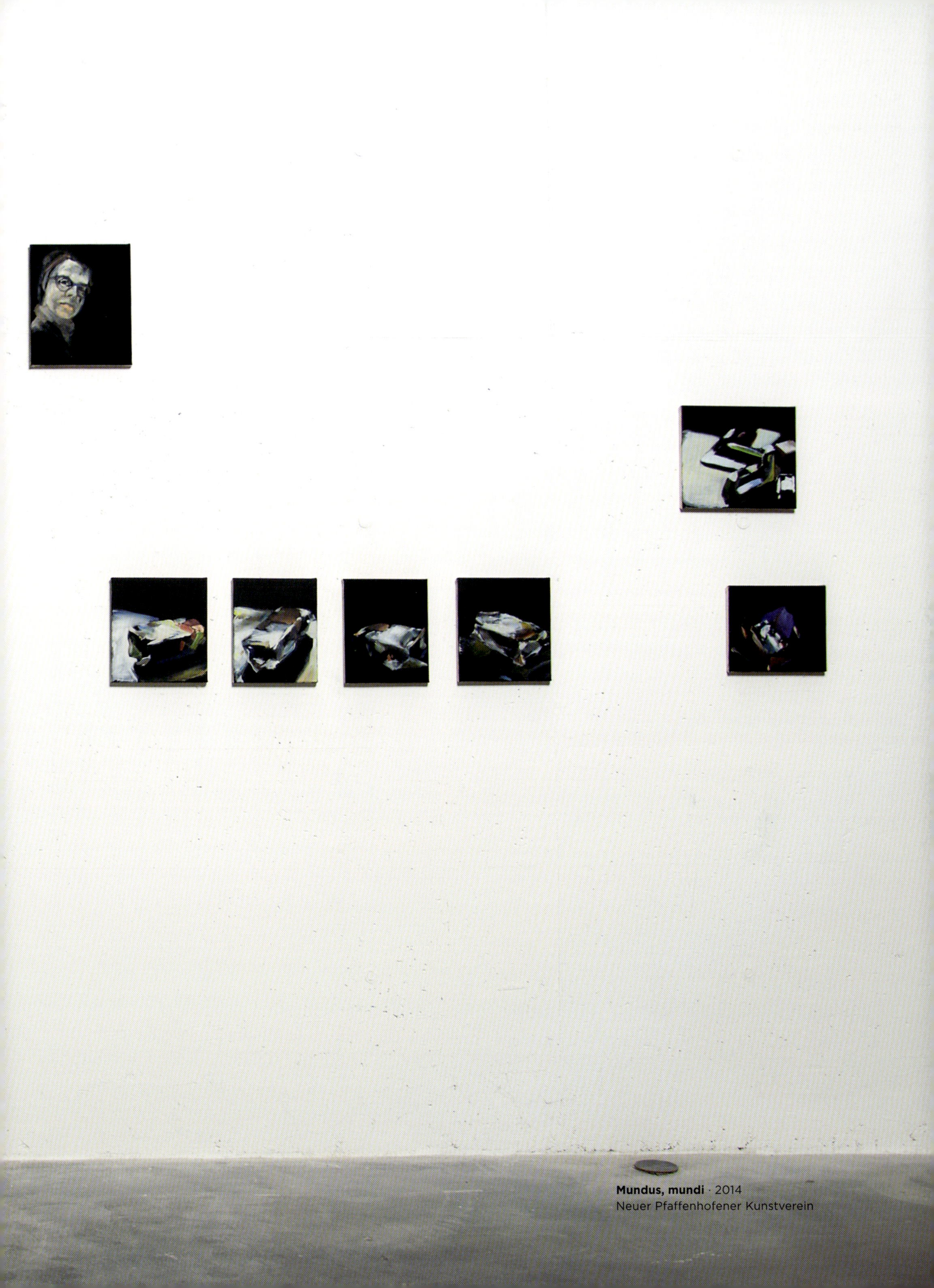

Mundus, mundi · 2014
Neuer Pfaffenhofener Kunstverein

INTROSPEKTIV

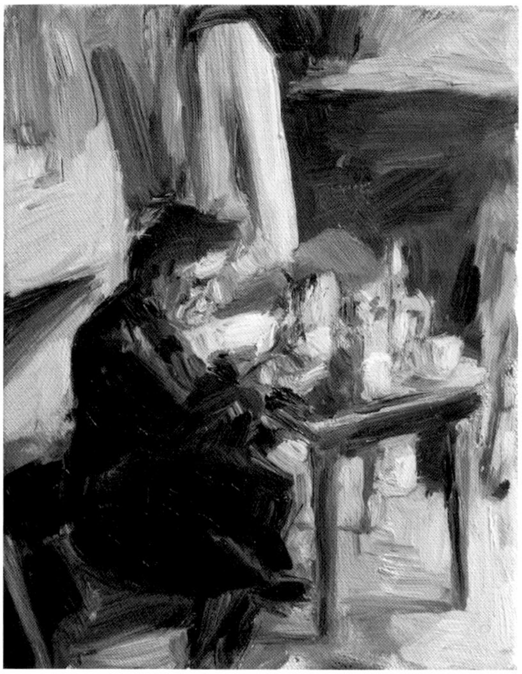

introspektiv 1 · 2011
Öl auf Leinwand · *oil on canvas*
25 x 20 cm

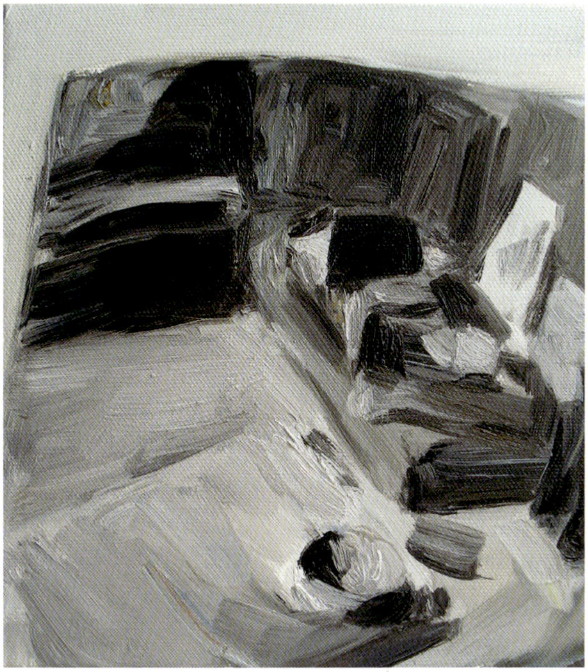

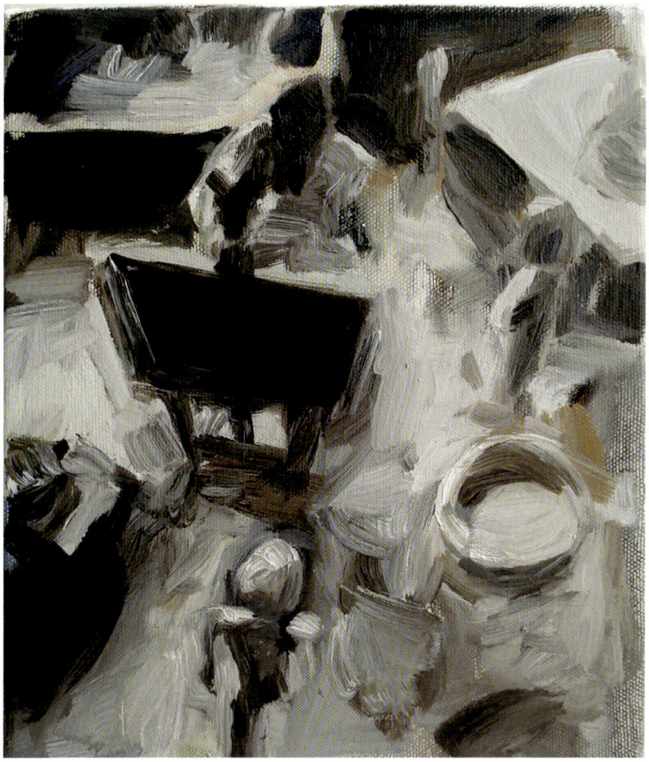

introspektiv 2 · 2011
Öl auf Leinwand · *oil on canvas*
25 x 23 cm

introspektiv 3 · 2011
Öl auf Leinwand · *oil on canvas*
30 x 25 cm

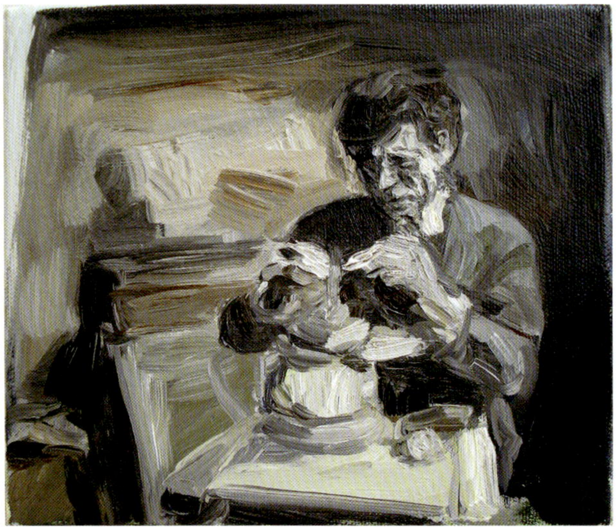

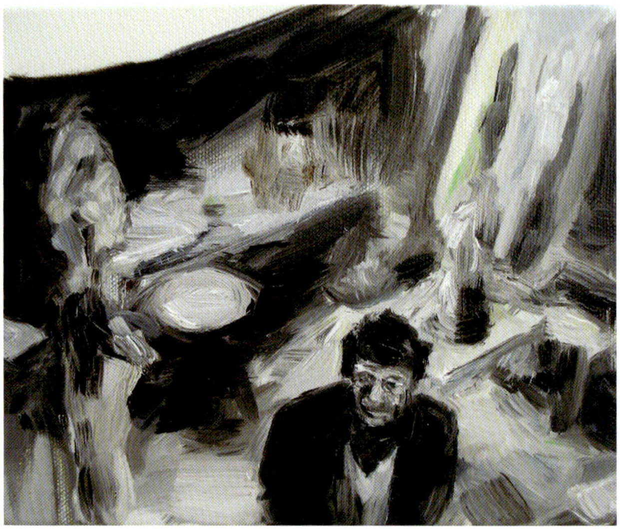

introspektiv 4 · 2011
Öl auf Leinwand · *oil on canvas*
20 x 25 cm

introspektiv 5 · 2011
Öl auf Leinwand · *oil on canvas*
20 x 25 cm

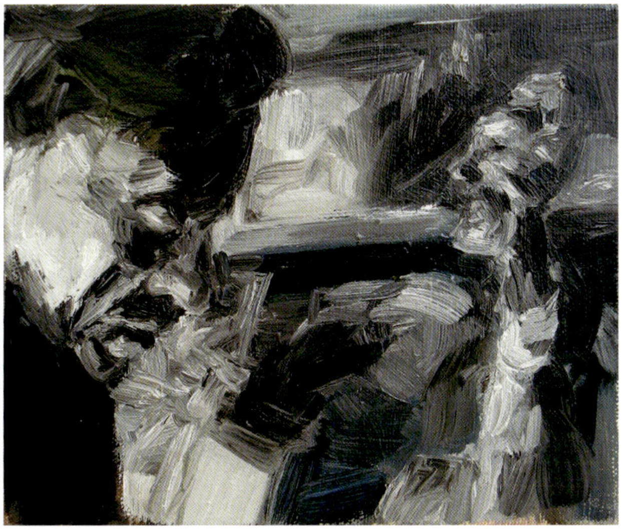

introspektiv 6 · 2011
Öl auf Leinwand · *oil on canvas*
20 x 24 cm

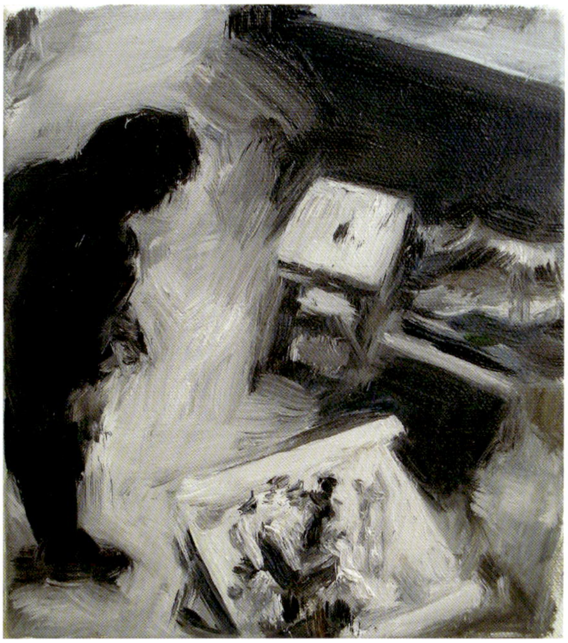

introspektiv 7 · 2011
Öl auf Leinwand · *oil on canvas*
25 x 23 cm

Mythos Atelier: von Spitzweg bis Picasso, von Giacometti bis Naumann · 2012–13
Grosse Landesausstellung Baden-Württemberg
Staatsgalerie Stuttgart

links · *left:* Jeff Wall · 1979 · **„Picture for Women“**
rechts · *right:* Angela Stauber · 2011 · **„introspektiv“**

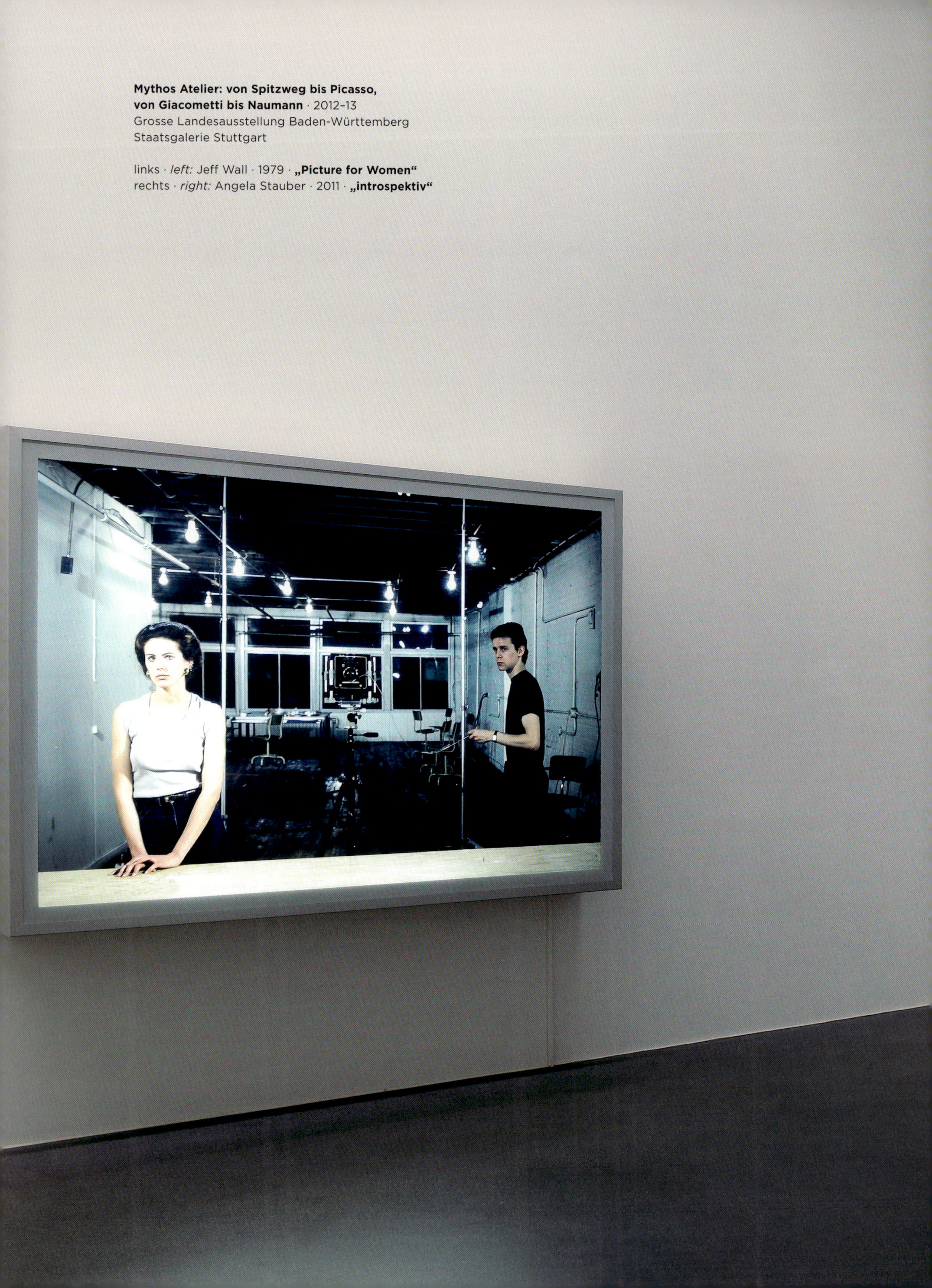

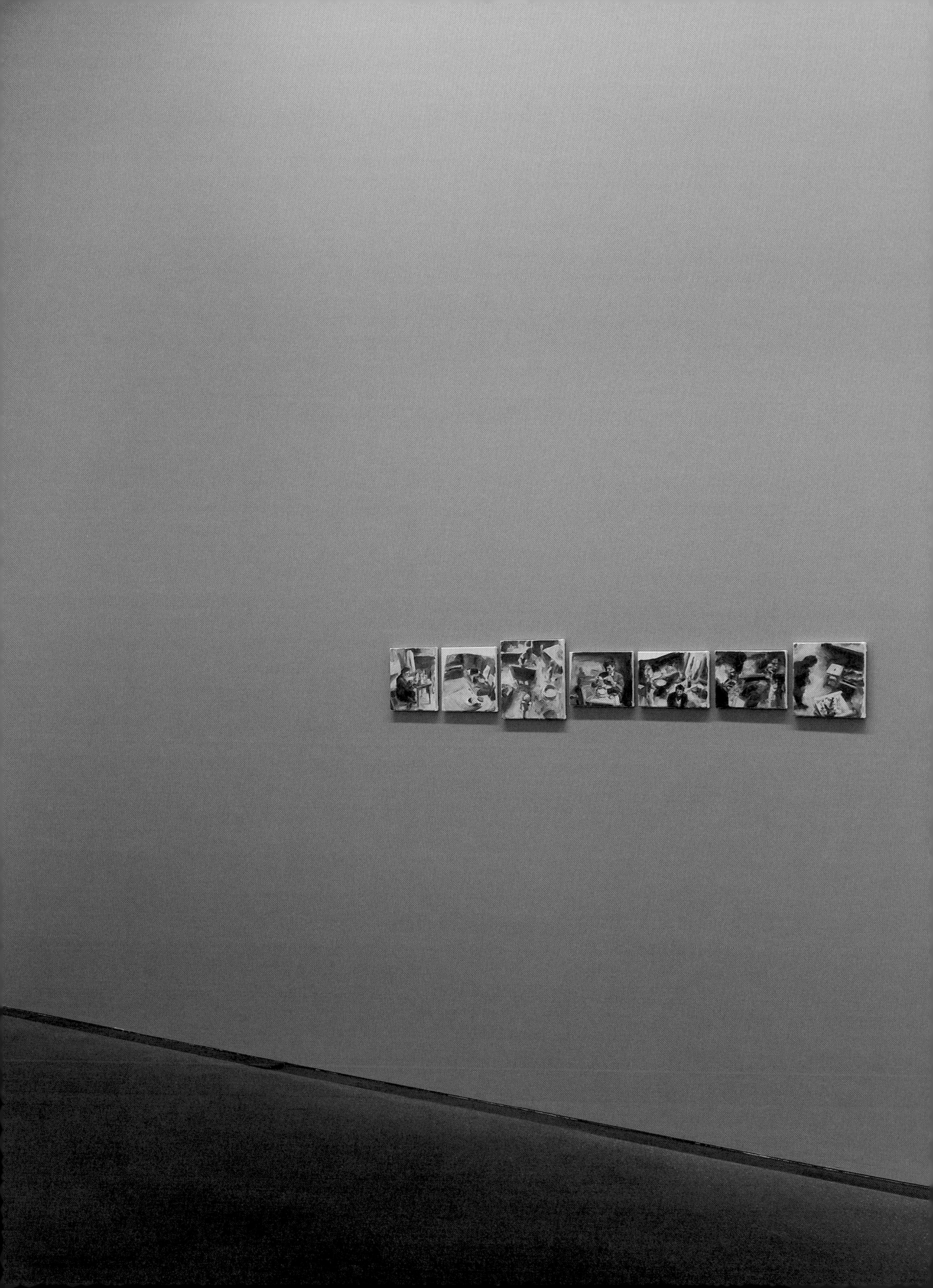

„99 PROZENT DES BILDERVORRATS…“
Zu den Stadtprojekten von Angela Stauber*

„Was meinen Sie, wofür Michelangelo die Ausführung der Sixtinischen Kapelle übernahm? Für Geld! […] Neunundneunzig Prozent des Bildervorrats in unseren Köpfen wird produziert, um Wecker, Schraubenzieher, Motorräder oder Toastbrot zu verkaufen.“ [1] hat der Filmregisseur Peter Greenaway vor nunmehr gut 20 Jahren ebenso realistisch wie provokativ konstatiert und damit der nie endenden Diskussion, was sei denn nun Kunst, wo sei die Demarkationslinie zwischen sogenannter Kunst und sogenannter Werbung, ein zumindest vorläufiges Ende gesetzt.

Wenn es stimmt, dass die westlichen Industriegesellschaften in den vergangenen Jahren erschreckend problemlos den Übergang zur Informationsgesellschaft des 21. Jahrhunderts vollzogen haben – übrigens nahezu unbemerkt von ebenso ambitionierten wie machtlosen Gesellschaftswissenschaftlern –, so stellen sich die noch vor weniger als 40 Jahren evidenten Fragen nach der Schnittstelle zwischen High Art und Low Art schon lange nicht mehr. Künstler haben seit den späten 1960er-Jahren mehr und mehr den öffentlichen Raum für sich und ihre Kunst wiederentdeckt und nutzen deshalb selbstverständlich die bereits ad hoc zur Verfügung stehende mediale Basis: die Plakatwand an der Strasse, den Screen in der U-Bahn, die Werbefläche auf dem Flughafen, den Billboard an der Hauswand.

Noch 1969 jedoch musste der amerikanische Konzeptkünstler Joseph Kosuth seine Vorgehensweise intellektuell rechtfertigen: „Ich wendete mich aus verschiedenen Gründen dem Gebrauch von Massenmedien als Darstellungsform zu. Sie trennen den Akt des Erschaffens von der physikalischen Form der Kunst, die man mit dem elitären Stil des Modernismus assoziiert. Weil man ‚Kunst‘ nicht an Orten vermutet, die der Werbung vorbehalten sind (z.B. Werbetafeln oder Zeitungsanzeigen), war sie nicht schon a priori als Kunst definiert, wie das bei einem Gemälde, einer Skulptur oder einer Fotografie der Fall ist. Es machte sehr deutlich, dass ein formalistischer Ansatz bei dem Werk absurd sein könnte. […] So konnte ich das Erschaffen von Kunst trennen von dem herkömmlichen Verständnis davon, was Kunst sein könnte. So war meine Arbeit imstande, selber Fragen zu stellen über

* Der vorliegende Beitrag basiert auf einem Text, den ich für den Katalog *Blind Spot,* hg. O. Mittmannsgruber/M. Strauß, Frankfurt am Main 2003, S. 8–11 geschrieben habe.

1 Peter Greenaway, 1993, zit. n. Jean-Christophe Ammann, „Von Claudia Schiffer (H&M) über Oliviero Toscani (Benetton) zu BILD“, in: *Public Art – Kunst im öffentlichen Raum,* hg. F. Matzner, Ostfildern 2001, S. 678–79.

den kreativen Prozess an sich, was eine traditionellere Form von Kunst nicht kann. Außerdem spielte in diesem Zusammenhang der politische Aspekt eine Rolle. Meine Generation hatte im Jahre 1968 wichtige Fragen zu stellen an jede Form von institutionalisierter Autorität. Die Malerei schien uns weltfremd und elitär zu sein. Die Organe der Massenmedien zu nutzen, ohne sich den Massen anzubiedern (im Sinne von Walt Disney oder der Produktwerbung), war ganz in meinem Sinne.“ [2]

2 Joseph Kosuth, Öffentlicher Text, in: *Public Art* (wie Anm. 1), S. 298–99. Vgl. dazu auch das Interview mit Kosuth in: *Plakat. Kunst. Über die Verwendung eines Massenmediums in der Kunst*, hg. O. Mittmannsgruber/M. Strauß, Wien/New York 2000, S. 169–75.

„Die Organe der Massenmedien zu nutzen, ohne sich den Massen anzubiedern“ – diese verblüffend überzeugende Aussage von Joseph Kosuth ist das Leitmotiv auch einer jüngeren Künstlergeneration auf der Suche nach subtilen oder provokativen, aber auch selbstverständlicheren Einsatzorten im öffentlichen Raum, wie dies der Wiener Künstler Heimo Zobernig formuliert hat: „Das Plakat ist ein Medium der Kunst wie viele andere auch. Das Plakat muss in erster Linie in der Konkurrenz der Plakate bestehen. Die Wahrnehmung als Kunst ist mir bei einer Arbeit im öffentlichen Raum nicht wichtig, sie ist eine Leistung des Betrachters, der den Kontext mit herstellt.“ [3] Auch Angela Stauber hat sich auf dieses Experimentierfeld gewagt, wenn sie das ein oder andere Mal ihr klassisches Maleratelier verlässt und sich den unspezifischen Bedingtheiten des Öffentlichen Raums ausliefert:

3 Heimo Zobernig, Interview, in: *Plakat. Kunst.* (wie Anm. 2), S. 232.

Beispiel 1: Einen mehrwöchigen Aufenthalt in New York hat die Künstlerin dazu genutzt, ihr Studio zu verlassen und im Stadtraum eine Serie von Zeichnungen anzufertigen: „Ich wollte herausfinden, was ich in der Flüchtigkeit des sich ständig verändernden Stadtraums von dem ‚Raum an Sich‘ direkt verstehen und in Zeichnung übertragen kann. [...] Wie kann ich meine Wahrnehmung – damit meine ich nicht nur das Visuelle, sondern auch alle anderen Sinne – in den Zeichnungen zum Ausdruck bringen? Die Zeichnungen haben zwar Einzeltitel, die Serie als Ganzes heißt *Die Vermessung des Raumes.*“ [4] Die mit nur 15 mal 21 cm extrem kleinen, sozusagen der Bedingung des Bewegens im Stadtraum angeglichenen Formate hat die Künstlerin auch sinnfällig im nichtkünstlerischen, sozusagen öffentlichen Medium des Kugelschreibers angelegt: Sie zeigen Ausschnitte, die auf den ersten Blick wie Snap Shots wirken, beim genauerem Betrachten aber traditionellen akademischen Kompositionsschemata unterliegen.

4 Angela Stauber, email an den Autor vom 25. Juli 2014.

Beispiel 2: Zurück im Atelier: „Wieder zu Hause hatte ich das Bedürfnis, die vielfältigen Formen in den Zeichnungen nochmals zu fassen, zu komprimieren, auch zu reduzieren. So kam ich darauf, Linolschnitte anzufertigen. Ich wollte die ‚Stadt an Sich‘ herausfiltern. Herausgekommen ist dabei *Die Transformation der Stadt,* eine 13-teilige Serie von Linoldrucken. Viele Negativ- und Positivformen überschneiden sich und lassen schemenhaft Häuserblöcke, Schattenformen oder Spiegelungen erkennen. Ich fordere hier den Blick des Betrachters heraus. Man kann Teile von Architektur erkennen, aber auch vom gegenständlichen Vorbild losgelöste Formen. Die Energie eines bestimmten Ortes ist gefasst, in der Vielfalt der Drucke zueinander entsteht ein Kaleidoskop von verschiedenen Momentaufnahmen einer Stadt.“ [5] Ganz in der Tradition des expressionistischen Holzschnittes

5 Ebda.

und Linoldrucks hat Angela Stauber mit dieser Serie ein Vexierbild städtischen Lebens entworfen: Bewegung und Dynamik, aber auch Isolation und Einsamkeit, formal umgesetzt in starken Schwarz-Weiß-Kontrasten, im Gegensatz von Fläche und Linie.

Beispiel 3: Und wieder in den Stadtraum: „Da in den Drucken doch ein recht hoher Abstraktionsgrad entstanden ist, interessiert es mich nun, diese Bilder wieder in den Stadtraum zurück zu führen und zu sehen, ob sie auch in jedem anderen urbanen und architektonischen Kontext funktionieren. Für die Ausstellung in Pfaffenhofen habe ich drei Orte mit Plakatwänden ausgewählt und für die entsprechenden Stellen Drucke ausgesucht, die die dortige Situation gewissermaßen ‚spiegeln‘.“ [6]

Hier genau setzt der kleine, feine Unterschied an zwischen Werbung und Kunst, denn der Unterschied in der Rezeption von Werbeplakaten, abhängig von ihrer Positionierung in unterschiedlichen städtischen Kontexten ist evident: Der schnelle Blick aus der Straßenbahn, das unkonzentrierte Erhaschen einer Werbefläche an einer roten Ampel aus dem Auto heraus, multipliziert und damit gleichzeitig verwischt durch Tausende andere visuelle Reize im öffentlichen Stadtraum steht in klarem Gegensatz zur vereinzelten Setzung einer Bildfläche, wie dies Angela Stauber ganz bewusst vorgenommen hat: Der Fußgänger überquert einen Zebrastreifen und läuft geradewegs auf die Plakatwand zu, ein weiterer Standort ist die Seitenwand an einer Unterführung, durch die die Fußgänger langsam laufen, und die dritte Position ist auf einem Parkplatz, so dass der Autofahrer oder Fußgänger aus einer Entfernung von ca. 40 Metern auf diese Plakatwand zuläuft. Charakteristisch für alle drei Motive und ihre jeweilige Setzung im Stadtraum ist der Aspekt der Vereinzelung, der Isolation, wodurch sich das Einzelbild wie ein Loop in das visuelle Gedächtnis des Passanten einbrennt, bis es von der Aussage des nächsten schnellen Bildes im Stadtraum abgelöst und gelöscht wird.

Wahrnehmungspsychologen sprechen hier von einer Verlangsamung der Rezeption des Mediums Bild und dies impliziert eine erheblich größere Nachhaltigkeit der optisch vermittelten Botschaft, noch verstärkt durch die Tatsache, dass der Betrachter an dieser konkreten Stelle – Parkplatz, Unterführung, Zebrastreifen – diese Bilder nicht erwartet und vermutlich auch nicht wünscht: Und gerade deshalb wird aus dem Störfaktor eines Blind Spot [7] eine positive Rezeption: langsam und konzentriert, nachhaltig und reflektiert prägt sich das ‚Kunstbild‘ beim Rezipienten ein – aus dem achtlosen Passanten wird ein bewusster Betrachter. [8]

Doch die von Angela Stauber plakatierten Bilder stellen zwar dem Betrachter konkrete Fragen, verweigern aber gleichzeitig eine Antwort: Sie sind Ausschnitte aus größeren Kontexten, gleichsam kurze Absätze aus Buchkapiteln, fragmentierte Sätze, die das Vorher und Nachher der dargestellten Handlung verschweigen, ja geradezu verweigern: Welche Stadt ist das, wer wohnt hier, ist es tagsüber oder nachts, wo sind die Menschen? Der Betrachter selbst muss jenes Vorher und Nachher dieser großflächig übermittelten Momentaufnahmen

6 Ebda.

7 Siehe dazu die oben in der mit * gekennzeichneten Anmerkung genannte Publikation.

8 Vgl. dagegen Heimo Zobernig, Interview, in: *Plakat. Kunst.* (wie Anm. 2), S. 233–34: „Die Rezeptionszeit der Passanten ist kein Hinweis auf das komplexe Wissen, welche die Wahrnehmung gestaltet und ins Gedächtnis stellt. Für die verschiedenen Interessen gibt es wiederkehrende Muster, die schnell erkannt werden, das gilt auch für das Kunst-Plakat. Der quantitative Einsatz der Gestaltungselemente kann sowohl in der Reduktion wie in der Komplexität die gewünschte Aufmerksamkeit erreichen, egal ob für die Kunst oder nicht.“

rekonstruieren, seine eigene Geschichte erfinden, die Antwort auf die gestellte Frage selbst finden, um den abgebildeten Schauplatz in den großen Erzählraum einzuordnen – oder wie es die slowenische Künstlerin Marjetica Potrc einmal formuliert hat: „… da gibt es einen Dreh, denn wir sublimieren gerne die Wirklichkeit, oder nicht? Es ist nicht das Wirkliche, was da ist – da ist, was wir für das Wirkliche halten!“ [9]

Florian Matzner

9 Marjetica Potrc, in: „Florian Matzner, Künstlerumfrage“, in: *Basisarbeit,* hg. Olaf Metzel, München 1999, S. 187.

'99 PERCENT OF ALL THE PICTURE STOCKPILE …'
On the Urban Projects of Angela Stauber*

'Why do you think Michelangelo executed the works on the Sistine Chapel? For money! […] Ninety-nine percent of all the picture stockpile we've accumulated in our heads is produced to sell alarm clocks, screwdrivers, motorcycles or bread.'[1] The film director Peter Greenaway made this realistic and also provocative statement a good twenty years ago and thereby brought to an at least provisional end the interminable discussion about what constitutes art, about where the line of demarcation is between so-called art and so-called advertisement.

If it is true that in recent years Western industrial societies have accomplished the transition to the information society of the twenty-first century with terrifying ease – remaining, by the way, almost unnoticed by social scientists who are ambitious and powerless in equal measure – then the questions as to the interface between High Art and Low Art, still so vociferously debated less than forty years ago, have not engendered discussion for a long time now. More and more ever since the late 1960s, artists have rediscovered public spaces for themselves and their art, and they accordingly make self-evident use of the already spontaneously available foundation provided by the media: the billboard on the street, the video screen in the underground, the advertising space at the airport, the poster panel on the outside of a house.

Still in 1969, however, the American Concept artist Joseph Kosuth had to provide an intellectual justification for his procedure: 'For various reasons, I turned my attention to the use of the mass media as a form of representation. They separate the act of creation from the physical form of art that one associates with the elitist style of modernism. Because one doesn't expect to find "art" at sites that are reserved for advertising (for example, billboards or newspapers), a work located there was not defined *a priori* as art, as is the case with a painting, a sculpture or a photograph. It became quite clear that a formalistic approach in the case of such a work could turn out to be absurd. […] Thus I was able to separate the creation of art from the traditional notion of what art could be. My work thereby became capable of raising questions on its own about the creative process in itself, something that a traditional form of art cannot do. What is more,

* The present essay is based on a text that I wrote for the catalogue *Blind Spot*, ed. O. Mittmannsgruber/M. Strauß, Frankfurt am Main 2003, pp. 8–11.

1 Peter Greenaway, 1993, quoted according to Jean-Christophe Ammann, 'Von Claudia Schiffer (H&M) über Oliviero Toscani (Benetton) zu BILD', in *Public Art – Kunst im öffentlichen Raum*, ed. F. Matzner, Ostfildern 2001, pp. 678–79.

the political aspect played a role in this context. In 1968 my generation had important questions to address to *every* form of institutionalised authority. To us, painting seemed to be unworldly and elitist. So it made perfect sense to me to make use of the organs of the mass media without bowing down to the masses (in the sense of Walt Disney or product marketing).'[2]

'To make use of the organs of the mass media without bowing down to the masses' – this astoundingly cogent statement by Joseph Kosuth is also the leitmotif for a younger generation of artists in search of subtle or provocative, but also more obvious sites for interventions in public spaces, as has been described by the Viennese artist Heimo Zobernig: 'The poster is a medium in art like many others as well. The poster must first of all assert itself amid the competition among posters. For me, the perception that something is art is not important with a work in a public space; that is performed by the viewer, who sets up the context as well.'[3] Angela Stauber has herself also dared to enter this field of experimentation when, from time to time, she leaves behind her traditional painter's studio and opens herself to the unspecific conditionalities of public spaces.

Example 1, the artist used a stay of several weeks in New York to leave her studio and to do a series of drawings in the urban space: 'I wanted to discover, amid the fleeting impressions of the constantly changing urban space, what I can directly comprehend and transfer into drawings with regard to the "space in itself". [...] How can I express my perception – I am referring not solely to the visual faculty, but to all other senses as well – in the drawings? The drawings have individual titles, but in its entirety the series is entitled *Die Vermessung des Raumes* ("The Measurement of Space").'[4] The artist made striking use of the non-artistic, public medium of the ballpoint pen for the extremely small formats measuring only 15 by 21 centimetres and adapted to the condition of moving through public space, so to speak. The drawings show segments which seem like snapshots at a first glance but, upon closer scrutiny, conform to traditional academic patterns of composition.

Example 2, back to the studio: 'Once back at home, I felt the need to work further on the drawings, to compress, also to reduce them. Thus I got the idea of preparing linocuts. I wanted to filter out the "city in itself". What came into being was *Die Transformation der Stadt* ("The Transformation of the City"), a thirteen-part series of linocuts. Many negative and positive forms overlap and allow the apparitional emergence of blocks of buildings, shadowy forms or reflections. I challenge the vision of the viewer here. It is possible to recognise sections of architecture, but also forms that have become detached from an objective model. The energy of a certain place is captured; the diverse interrelationships between the prints give rise to a kaleidoscope of various snapshots of a city.'[5] Squarely in the tradition of Expressionist woodcuts and linocuts, Angela Stauber has with this series created a picture puzzle of urban life: movement and dynamism, but also isolation and loneliness, formally rendered in stark black-and-white contrasts, in the opposition between surface and line.

2 Joseph Kosuth, 'Public Text', in *Public Art* (see note 1), pp. 298–99. See also the interview with Kosuth in *Plakat. Kunst. Über die Verwendung eines Massenmediums in der Kunst*, ed. O. Mittmannsgruber/M. Strauß, Vienna/New York 2000, pp. 169–75.

3 Heimo Zobernig, 'Interview', in *Plakat. Kunst* (see note 2), p. 232.

4 Angela Stauber in an email to the author on 25 July 2014.

5 Ibid.

Example 3, back again in the urban space: 'Since a quite high degree of abstraction arose in the prints, I am now interested in returning these images to a metropolitan context in order to see whether they also function in every other urban and architectural space. For the exhibition in Pfaffenhofen I selected three sites with billboards and chose for the appropriate sites prints which in a certain sense "mirror" the situation there.'[6]

It is precisely here that the minimal, subtle difference between advertising and art comes to the fore, because the dissimilitude in the reception of advertising posters, dependent on their positioning in respective urban contexts, is obvious. The rapid glance from a tram, the distracted glimpse of a billboard from a car stopping at a red light, multiplied and thereby simultaneously blurred by thousands of other visual stimuli in the public space of a city, stands in clear contradiction to the individual assertion of a pictorial space such as has been undertaken quite deliberately by Angela Stauber: the pedestrian walks across a zebra crossing and heads straight towards the billboard; a further location is the side wall of an underground passage through which passers-by move slowly; and the third position is in a car park, so that the car driver or pedestrian approaches this billboard from a distance of approximately forty metres. What is characteristic for all three motifs and their respective placements in the urban space is the aspect of separation, of isolation, which causes the individual image to be burned into the visual memory of the passer-by like a loop, until it is replaced and erased by the statement made by the next rapid image appearing in the urban space.

In this context, perceptual psychologists speak of a deceleration of the reception of the medium of the picture, and this implies a significantly longer duration of the optically conveyed message, enhanced by the fact that the viewer at these specific places – car park, underground passage, crossing – does not expect to encounter these images, and probably doesn't want to. And precisely for that reason, the disturbing factor of a blind spot[7] engenders a positive response: gradual and concentrated, enduring and reflected, the 'artistic image' leaves its mark on the recipient – the oblivious passer-by is transformed into a consciously aware viewer.[8]

But even though the pictures placarded by Angela Stauber confront the viewer with concrete questions, they simultaneously refuse to offer an answer. They are segments from larger contexts, brief paragraphs from chapters in books, so to speak, fragmented sentences that keep quiet about what comes before and afterwards in the depicted storyline, even refusing to reveal anything at all: what city is this, who lives here, is it day or night, where are the people? The viewer himself must reconstruct the previous and subsequent aspects of these snapshots conveyed in large format; he is required to invent his own story and to himself find an answer to the question that was raised, in order to situate the depicted scene within the extensive narrative space – or, as the Slovenian artist Marjetica Potr once observed: 'There is a trick here, because we like to sublimate reality, don't we? It is not reality that is present but, rather, that which we consider to be reality!'[9]

Florian Matzner

6 Ibid.

7 See in this regard the publication named in the explanatory note marked above with an asterisk.

8 See, on the other hand, Heimo Zobernig, 'Interview', in *Plakat. Kunst* (see note 2), pp. 233–34: 'The reception-time of the passers-by is no indication with regard to the complex knowledge which perception shapes and establishes in memory. For the various interests, there are repeating patterns that are quickly recognised; this is also true for the art poster. The quantitative utilisation of the design elements can occasion the desired attention through both reduction and complexity, regardless of whether or not it serves art.'

9 Marjetica Potr, in 'Florian Matzner, Künstlerumfrage', in *Basisarbeit*, ed. Olaf Metzel, Munich 1999, p. 187.

DER FLÜCHTIGE MOMENT · **Berlin**

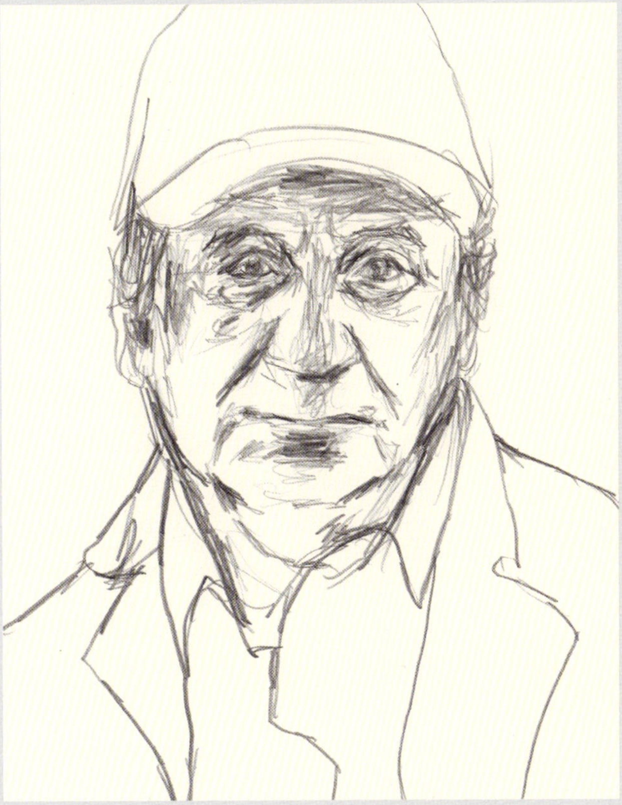

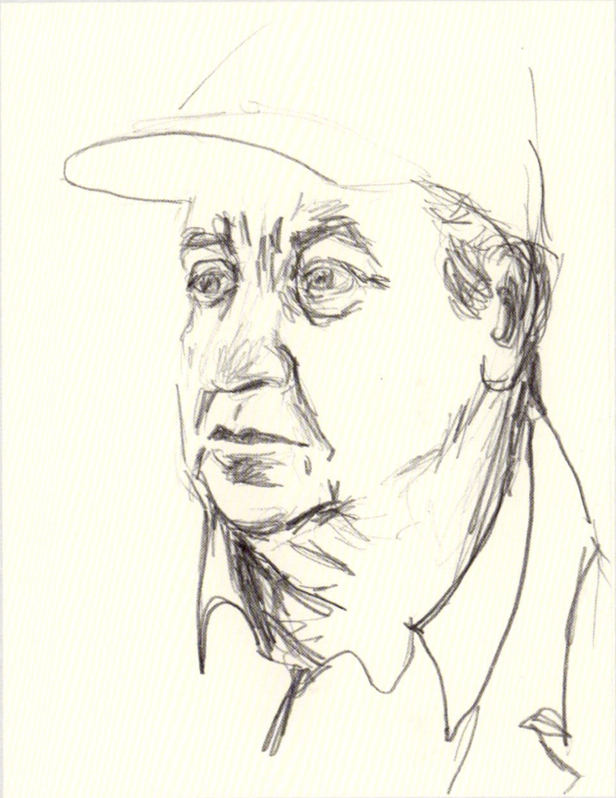

Harri · 2011
Bleistift auf Papier · *pencil on paper*
20 x 16 cm

Harri, links · 2011
Bleistift auf Papier · *pencil on paper*
20 x 16 cm

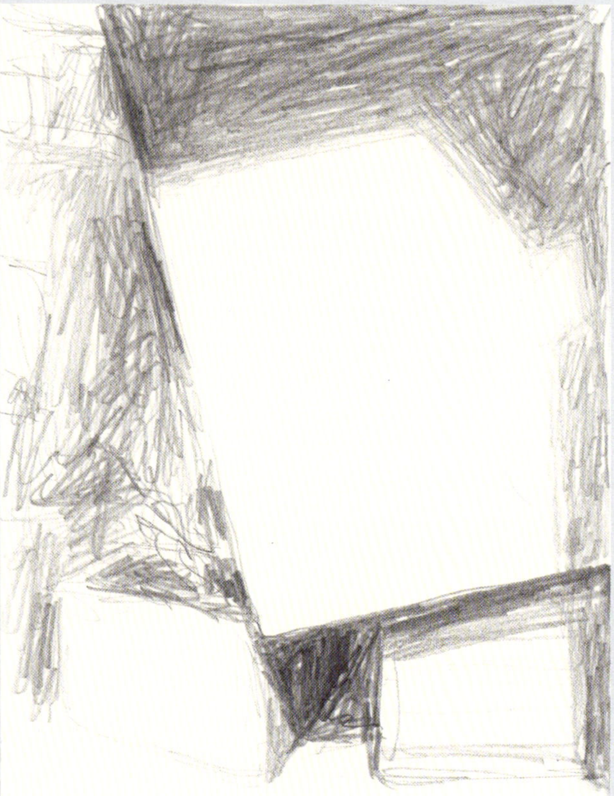

Projektionsfläche · 2011
Bleistift auf Papier · *pencil on paper*
20 x 16 cm

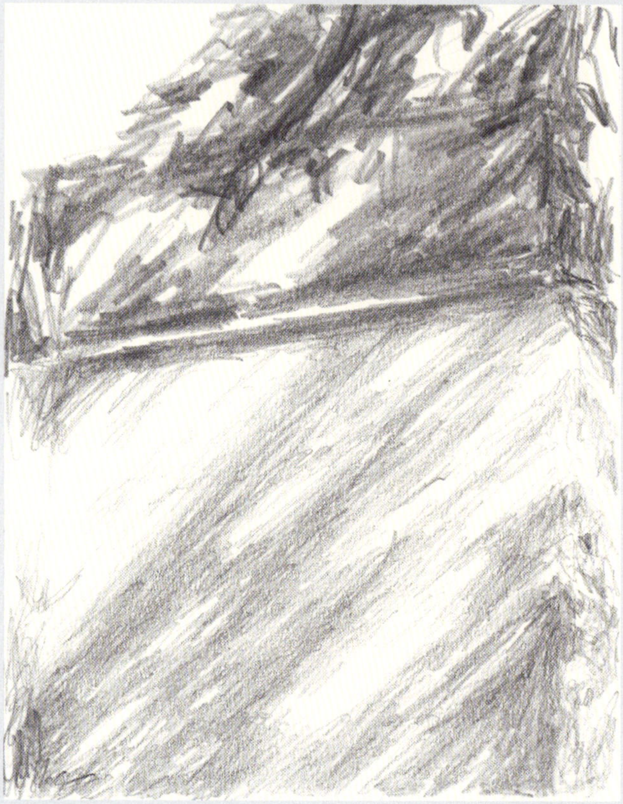

Schatten 2 · 2011
Bleistift auf Papier · *pencil on paper*
20 x 16 cm

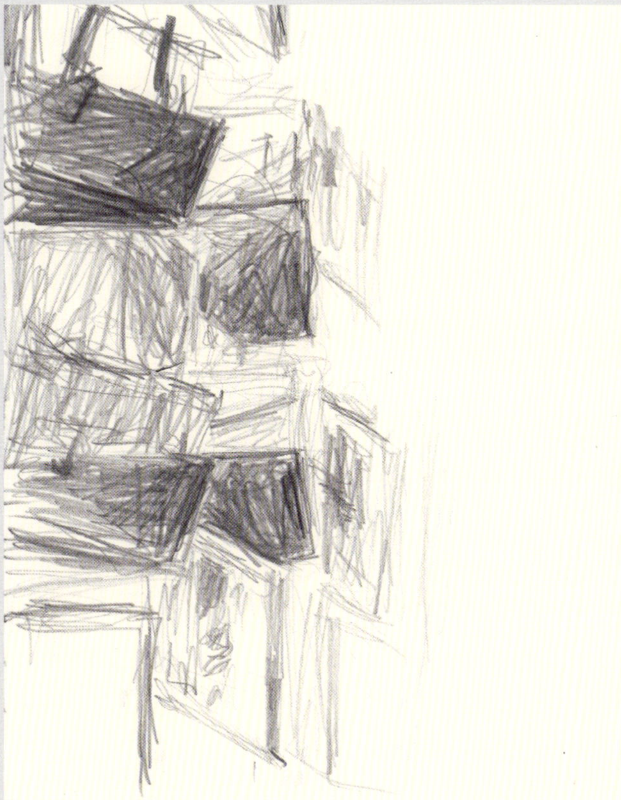

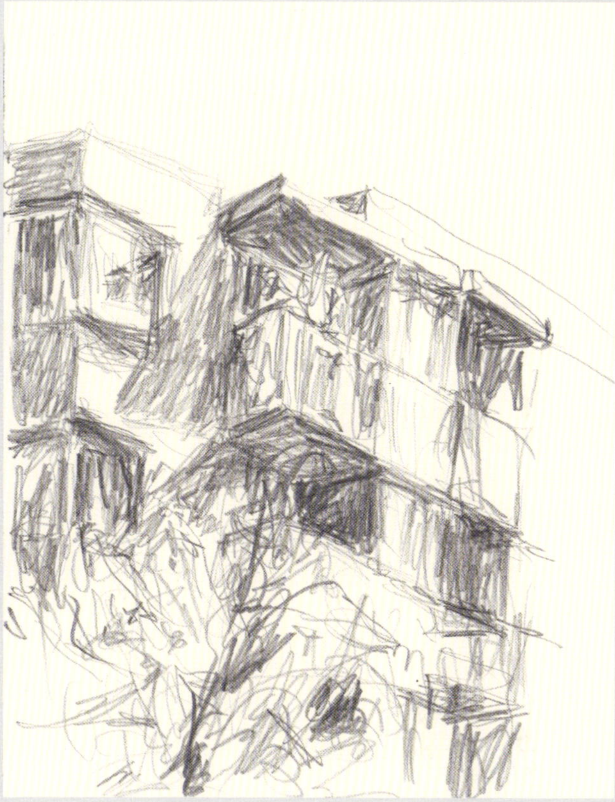

Architektur 2 · 2011
Bleistift auf Papier · *pencil on paper*
20 x 16 cm

Architektur 3 · 2011
Bleistift auf Papier · *pencil on paper*
20 x 16 cm

Architektur 7 · 2011
Bleistift auf Papier · *pencil on paper*
20 x 16 cm

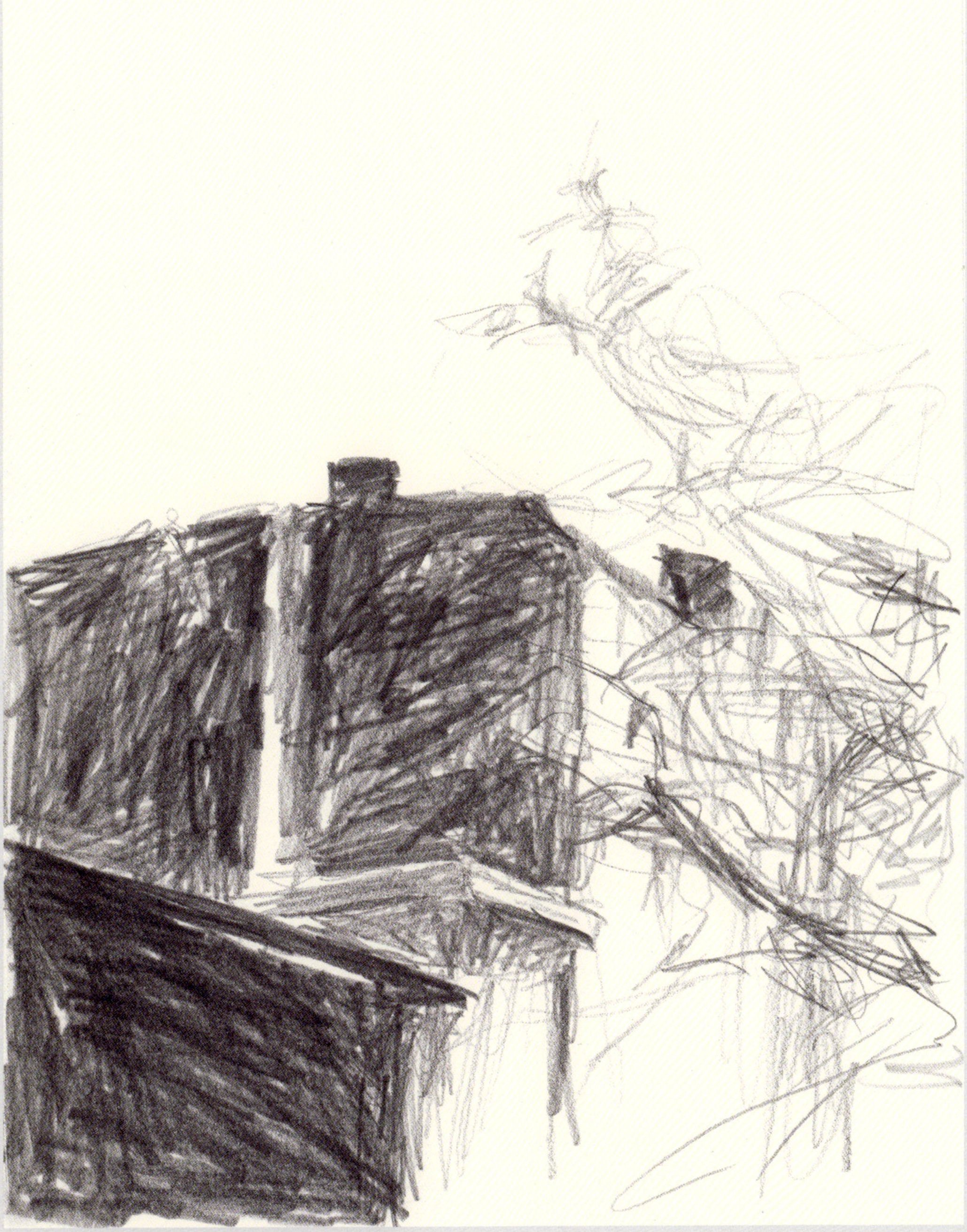

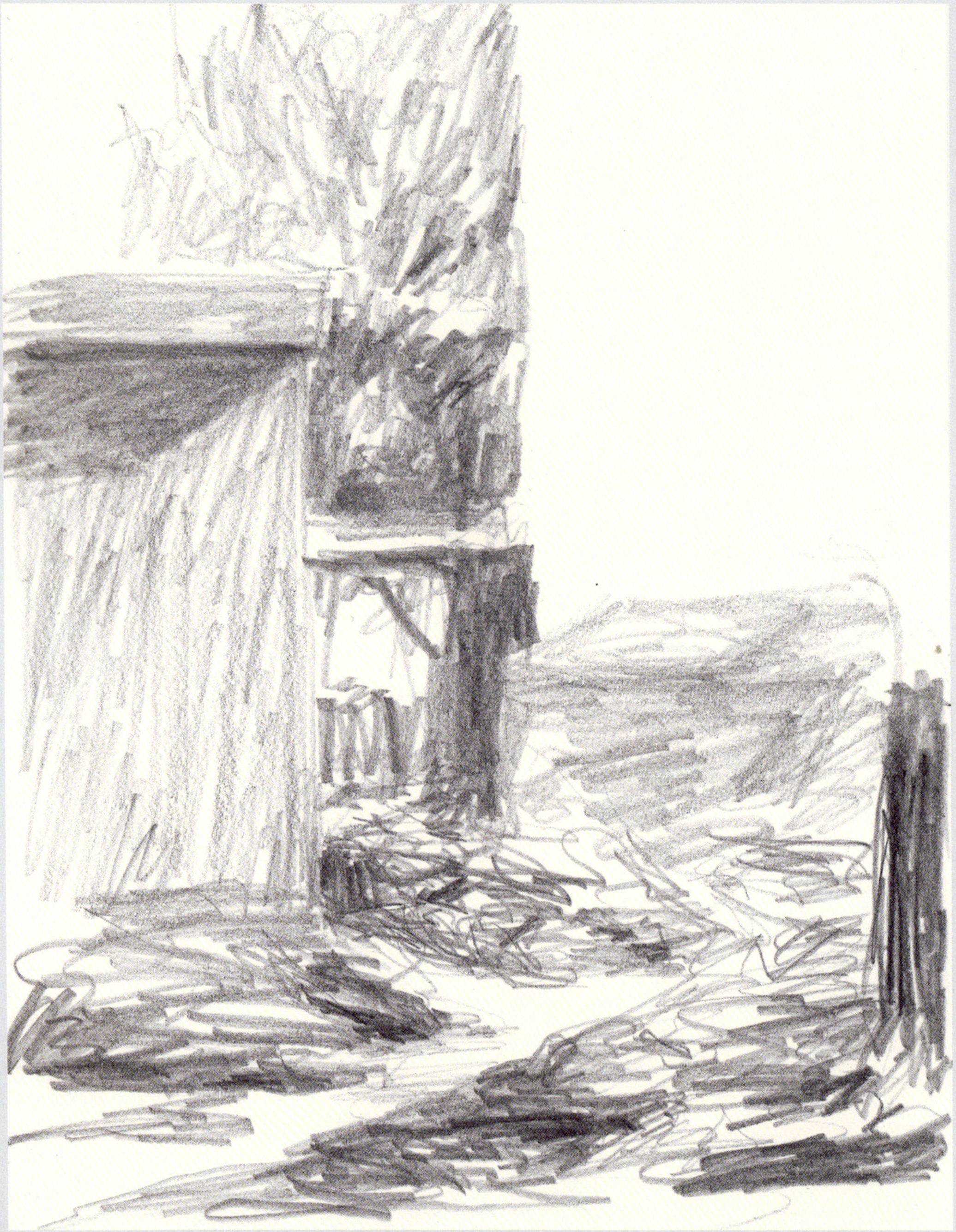

gebaut · 2011
Bleistift auf Papier · *pencil on paper*
20 x 16 cm

Metropolis · 2011
Bleistift auf Papier · *pencil on paper*
20 x 16 cm

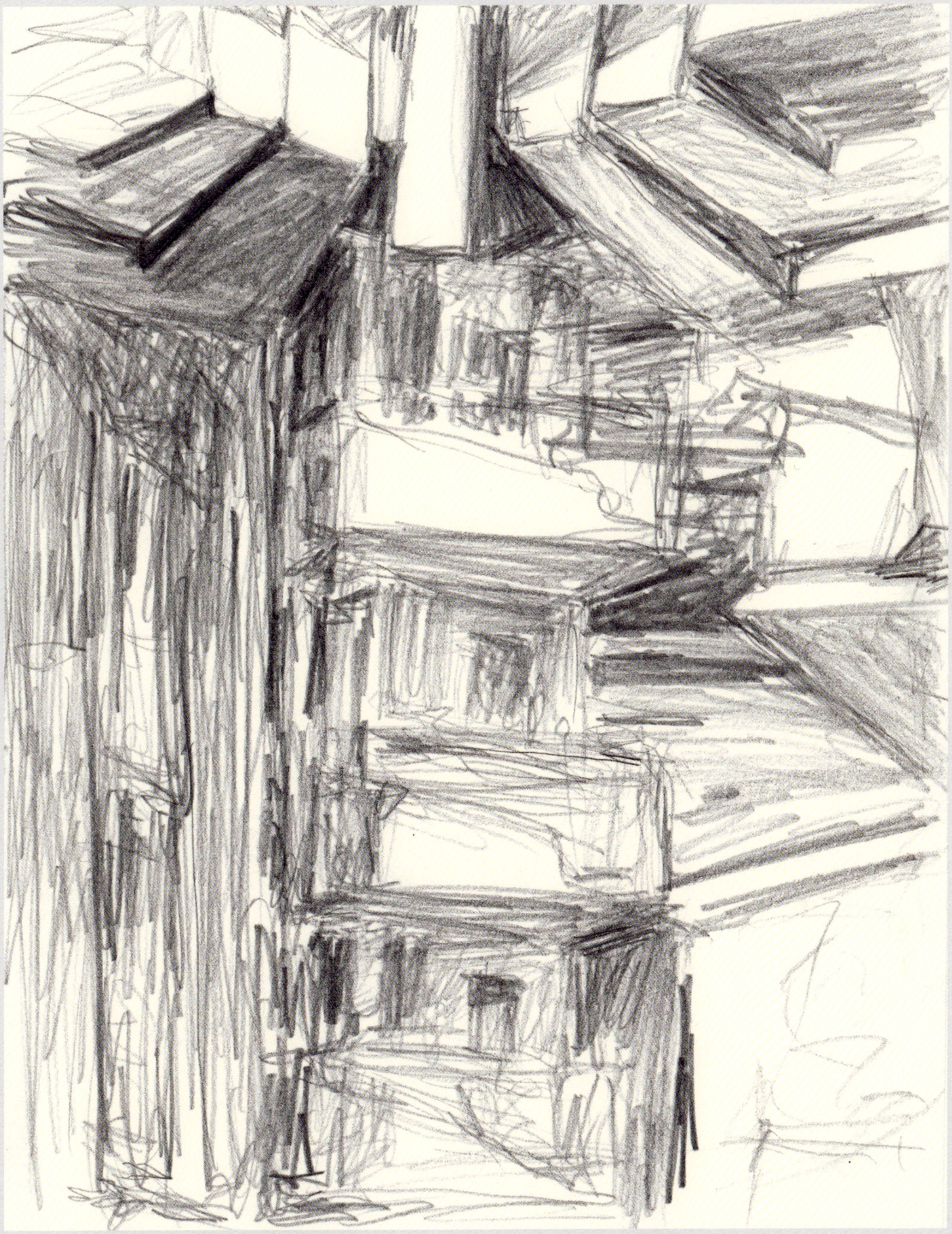

DIE VERMESSUNG DES RAUMES · **NY**

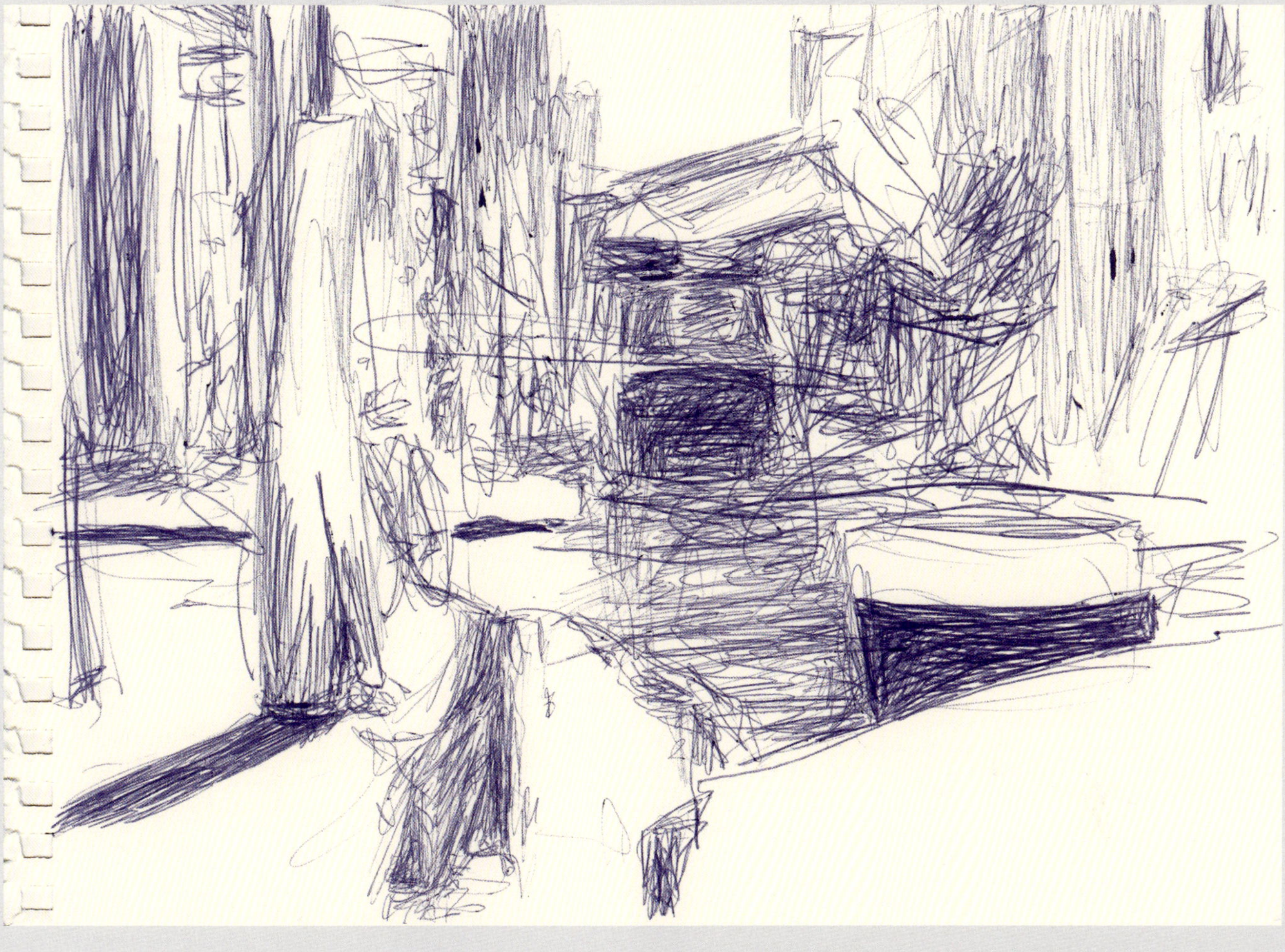

inmitten 1 · 2013
Kugelschreiber auf Papier · *ball pen on paper*
15 x 21,5 cm

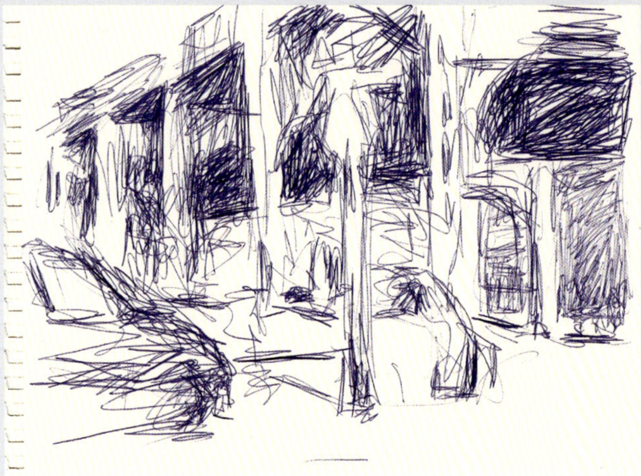

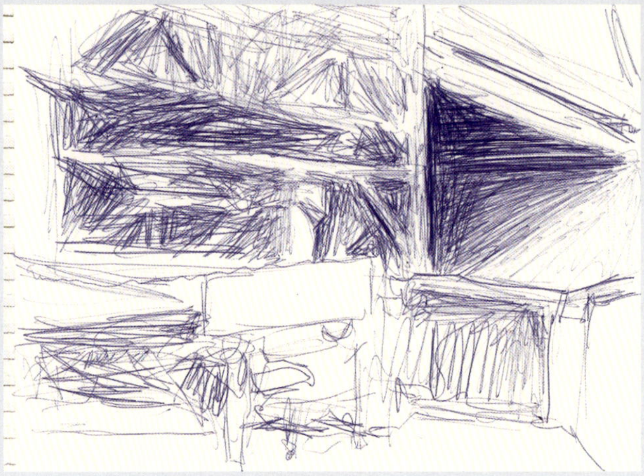

Kräfte 1 · 2013
Kugelschreiber auf Papier · *ball pen on paper*
15 x 21,5 cm

Kräfte 5 · 2013
Kugelschreiber auf Papier · *ball pen on paper*
15 x 21,5 cm

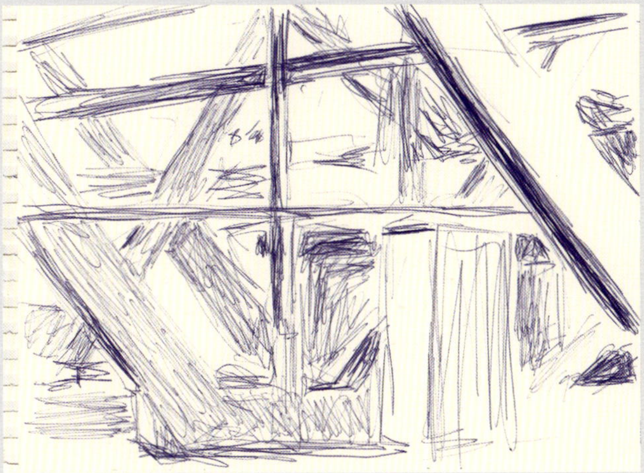

Kräfte 3 · 2013
Kugelschreiber auf Papier · *ball pen on paper*
15 x 21,5 cm

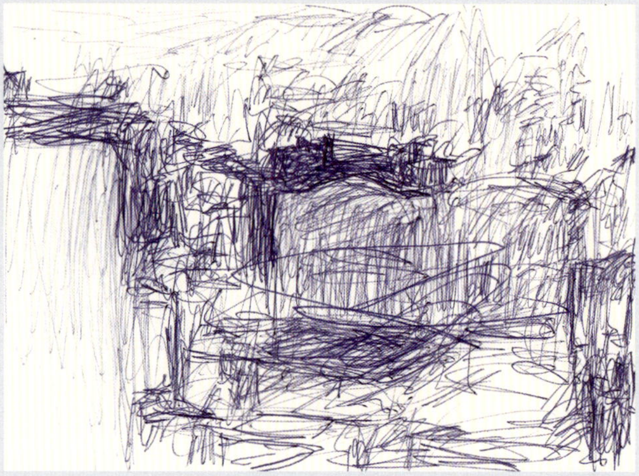

Ansicht 2 · 2013
Kugelschreiber auf Papier · *ball pen on paper*
15 x 21,5 cm

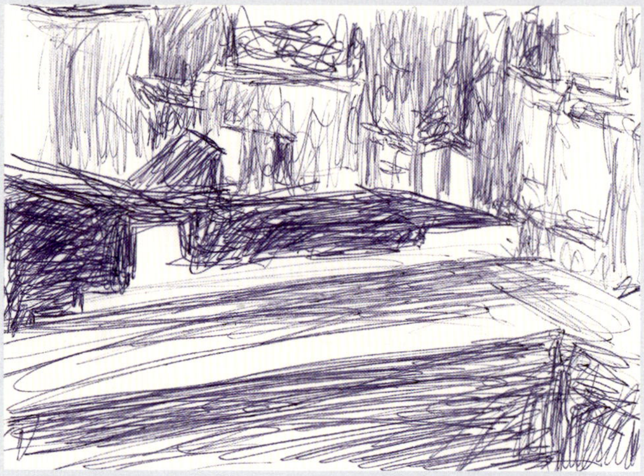

Ansicht 3 · 2013
Kugelschreiber auf Papier · *ball pen on paper*
15 x 21,5 cm

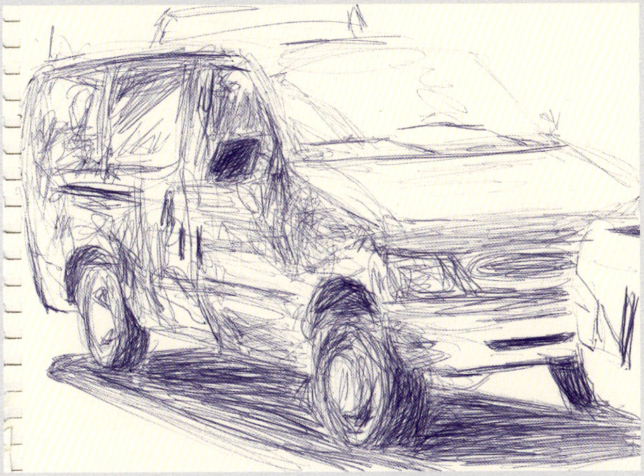

Dreh- und Angelpunkt · 2013
Kugelschreiber auf Papier · *ball pen on paper*
15 x 21,5 cm

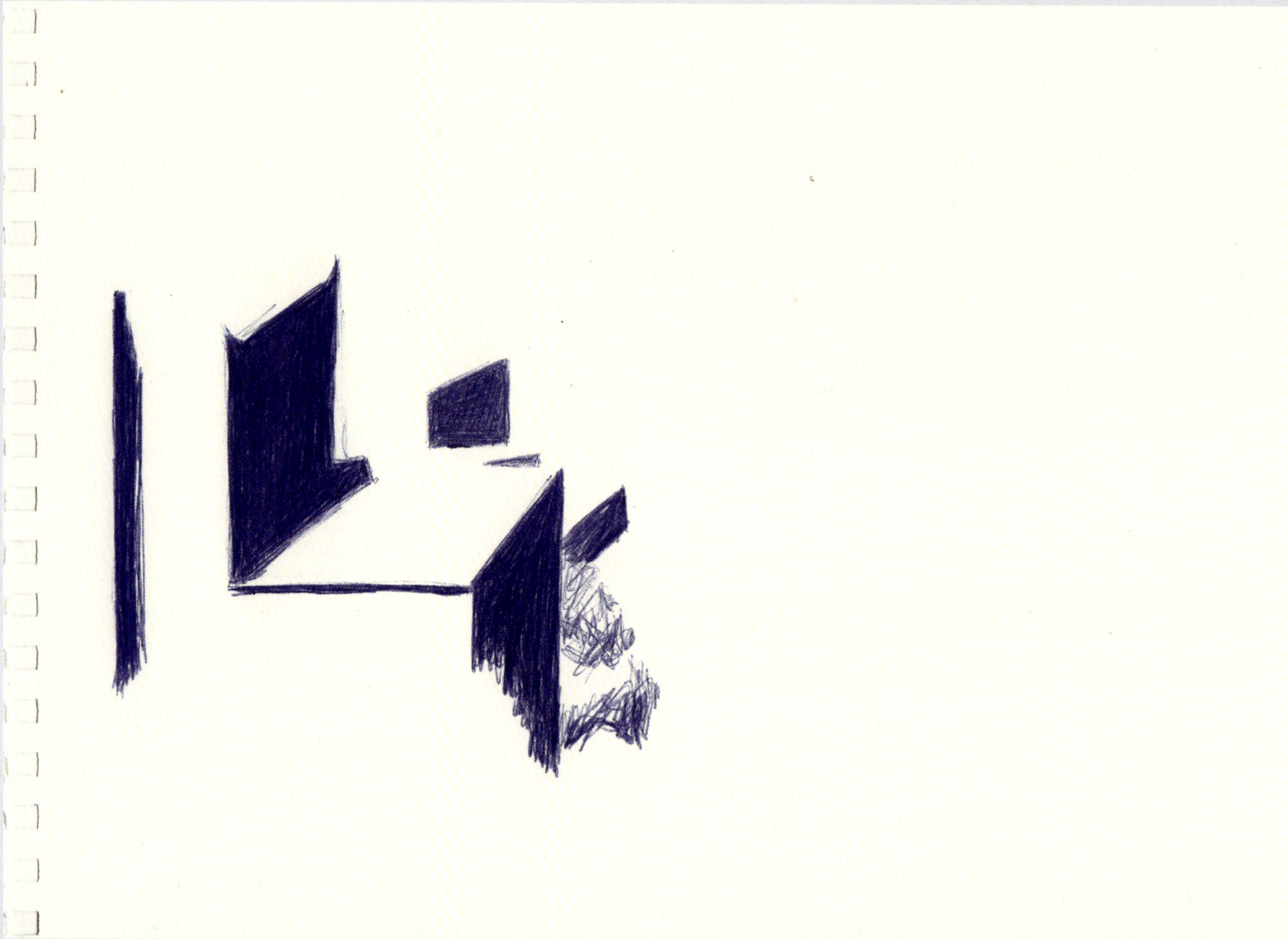

Verlust der Dimension 2 · 2013
Kugelschreiber auf Papier · *ball pen on paper*
15 x 21,5 cm

DIE TRANSFORMATION DER STADT

Membran 1 · 2014 · (3+1)
Linoldruck auf Papier · *lino print on paper*
Papier: 38,5 x 30,5 cm · Druck: 15 x 21 cm
paper: 38,5 x 30,5 cm · print: 15 x 21 cm

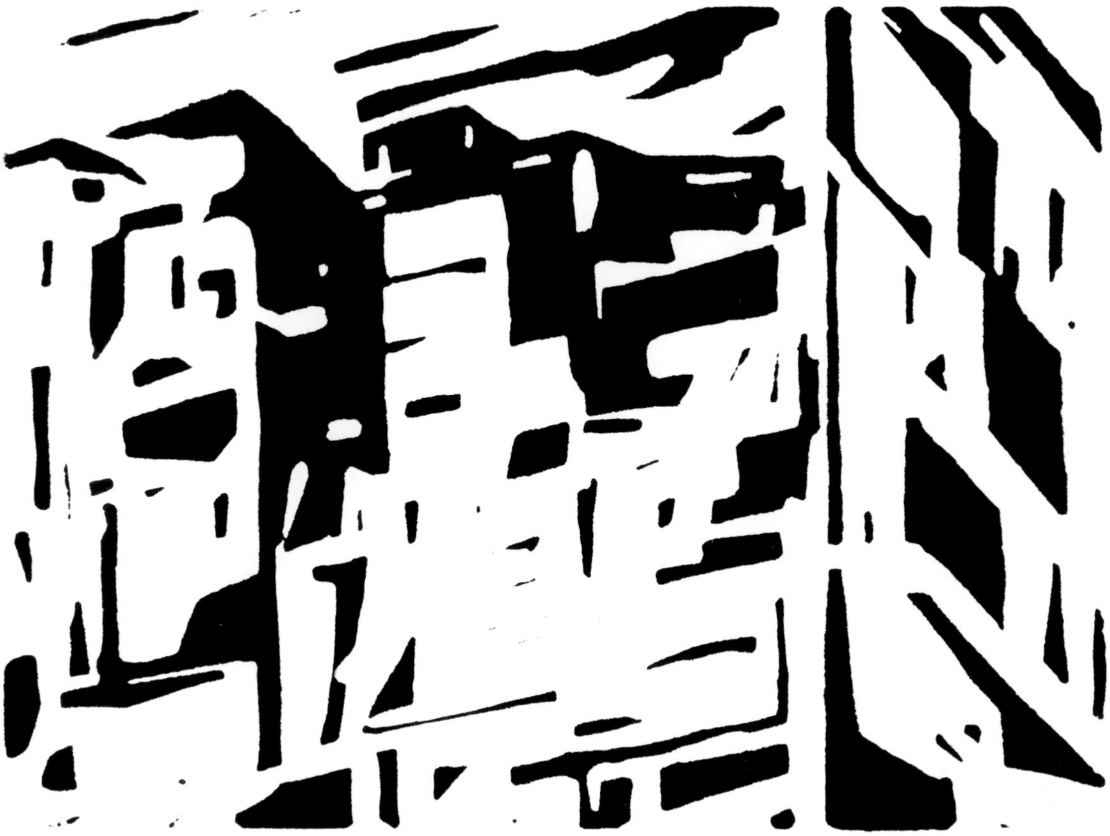

Auflösung · 2014 · (3+1)
Linoldruck auf Papier · *lino print on paper*
Papier: 38,5 x 30,5 cm · Druck: 15 x 21 cm
paper: 38,5 x 30,5 cm · print: 15 x 21 cm

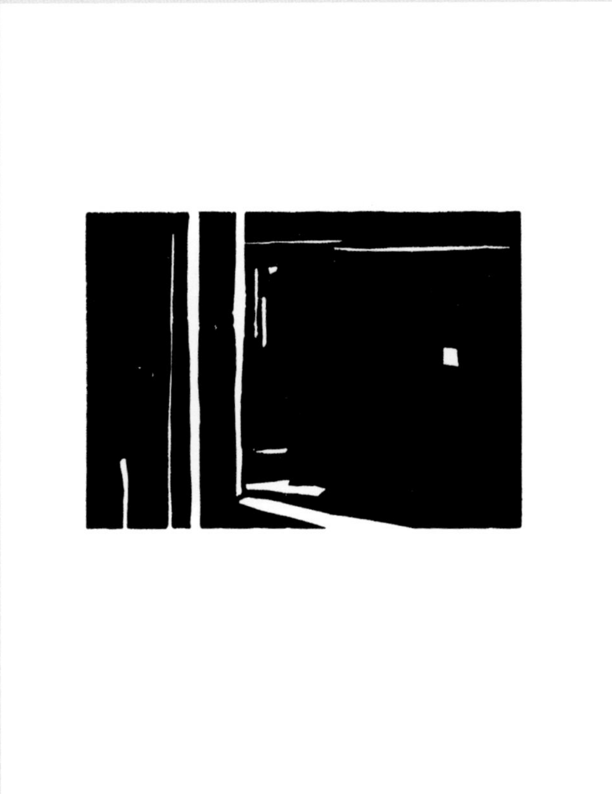

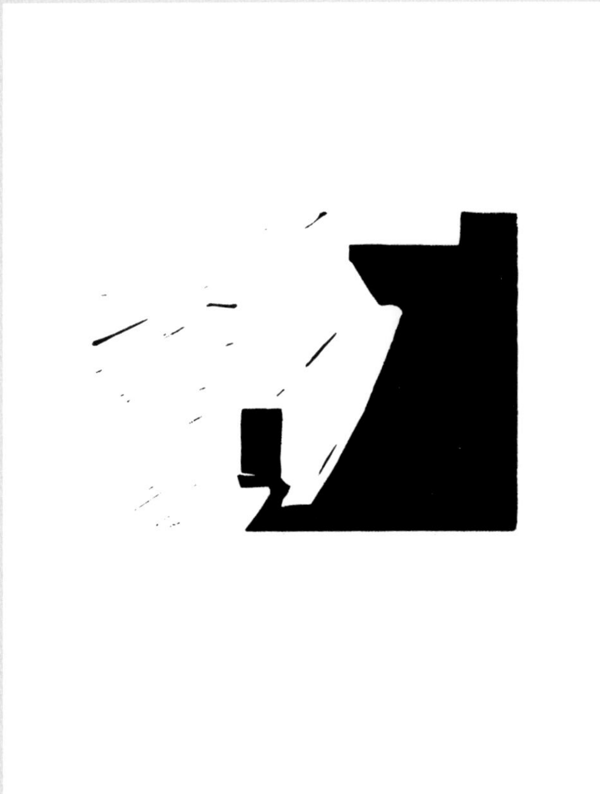

Der unverstellte Blick · 2014 · (3+1)
Linoldruck auf Papier · *lino print on paper*
Papier: 38,5 x 30,5 cm · Druck: 15 x 21 cm
paper: 38,5 x 30,5 cm · print: 15 x 21 cm

Die große Form · 2014 · (3+1)
Linoldruck auf Papier · *lino print on paper*
Papier: 38,5 x 30,5 cm · Druck: 15 x 21 cm
paper: 38,5 x 30,5 cm · print: 15 x 21 cm

Mitte · 2014 · (3+1)
Linoldruck auf Papier · *lino print on paper*
Papier: 38,5 x 30,5 cm · Druck: 15 x 21 cm
paper: 38,5 x 30,5 cm · print: 15 x 21 cm

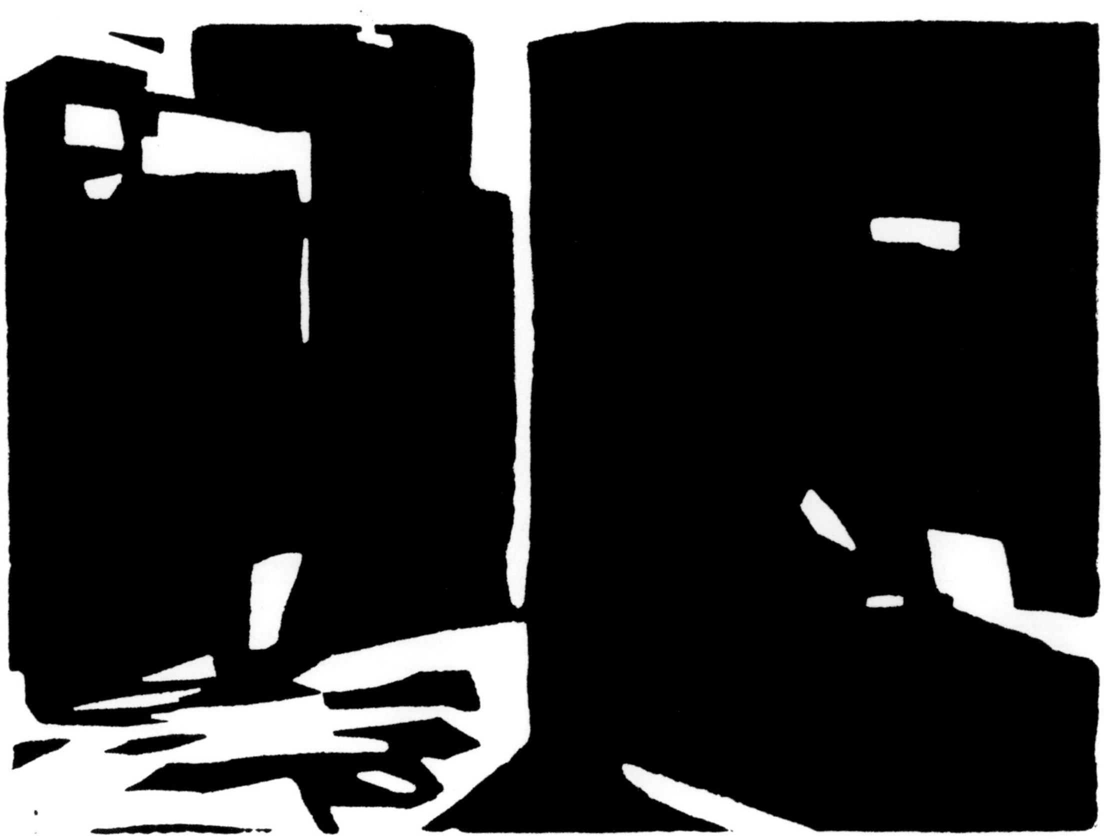

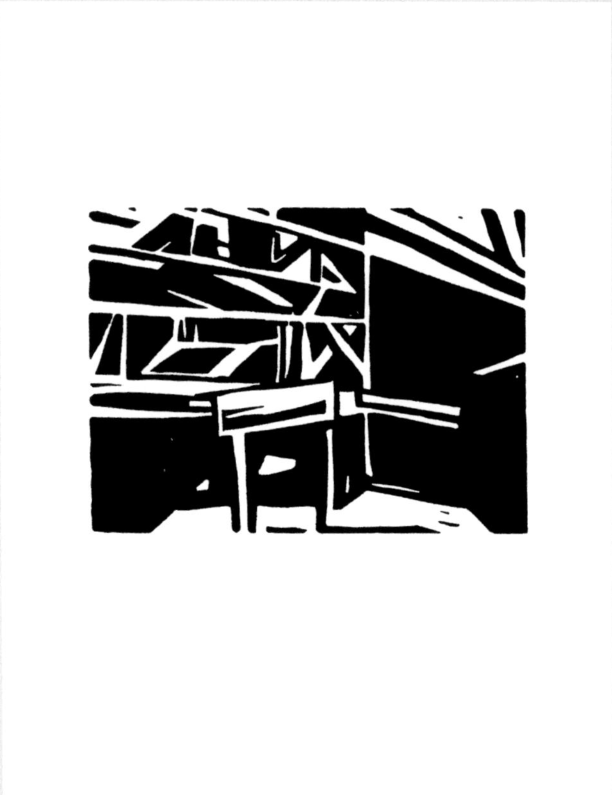

Kräfte · 2014 · (3+1)
Linoldruck auf Papier · *lino print on paper*
Papier: 38,5 x 30,5 cm · Druck: 15 x 21 cm
paper: 38,5 x 30,5 cm · print: 15 x 21 cm

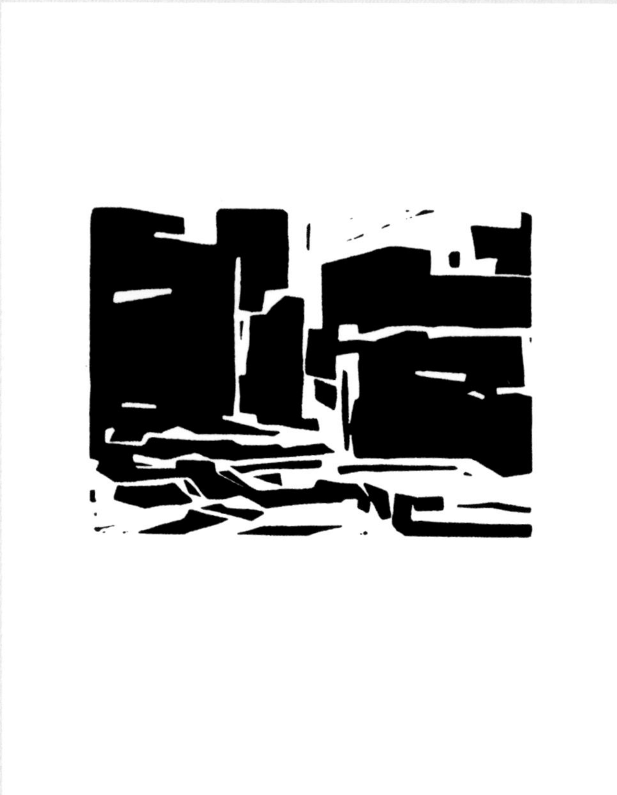

Reichtum · 2014 · (3+1)
Linoldruck auf Papier · *lino print on paper*
Papier: 38,5 x 30,5 cm · Druck: 15 x 21 cm
paper: 38,5 x 30,5 cm · print: 15 x 21 cm

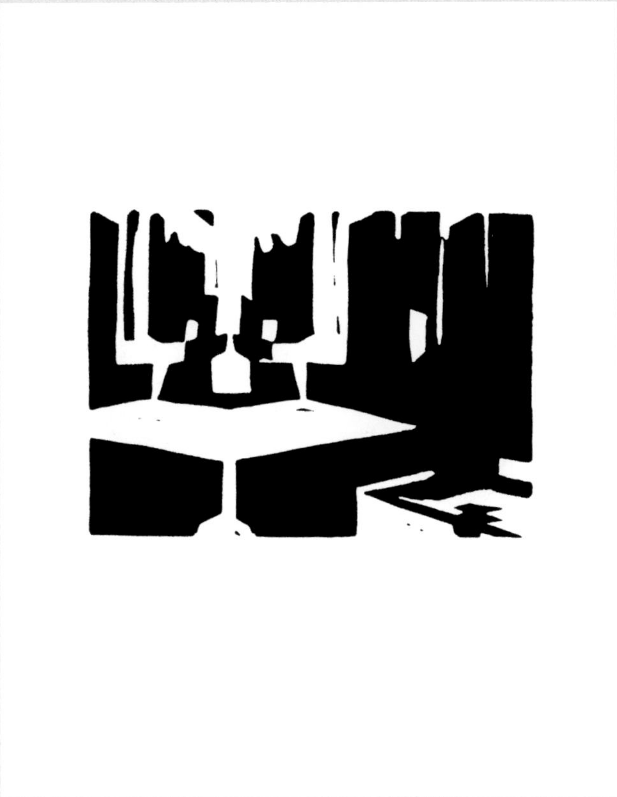

Spiegelung · 2014 · (3+1)
Linoldruck auf Papier · *lino print on paper*
Papier: 38,5 x 30,5 cm · Druck: 15 x 21 cm
paper: 38,5 x 30,5 cm · print: 15 x 21 cm

Blöcke · 2014 · (3+1)
Linoldruck auf Papier · *lino print on paper*
Papier: 38,5 x 30,5 cm · Druck: 15 x 21 cm
paper: 38,5 x 30,5 cm · print: 15 x 21 cm

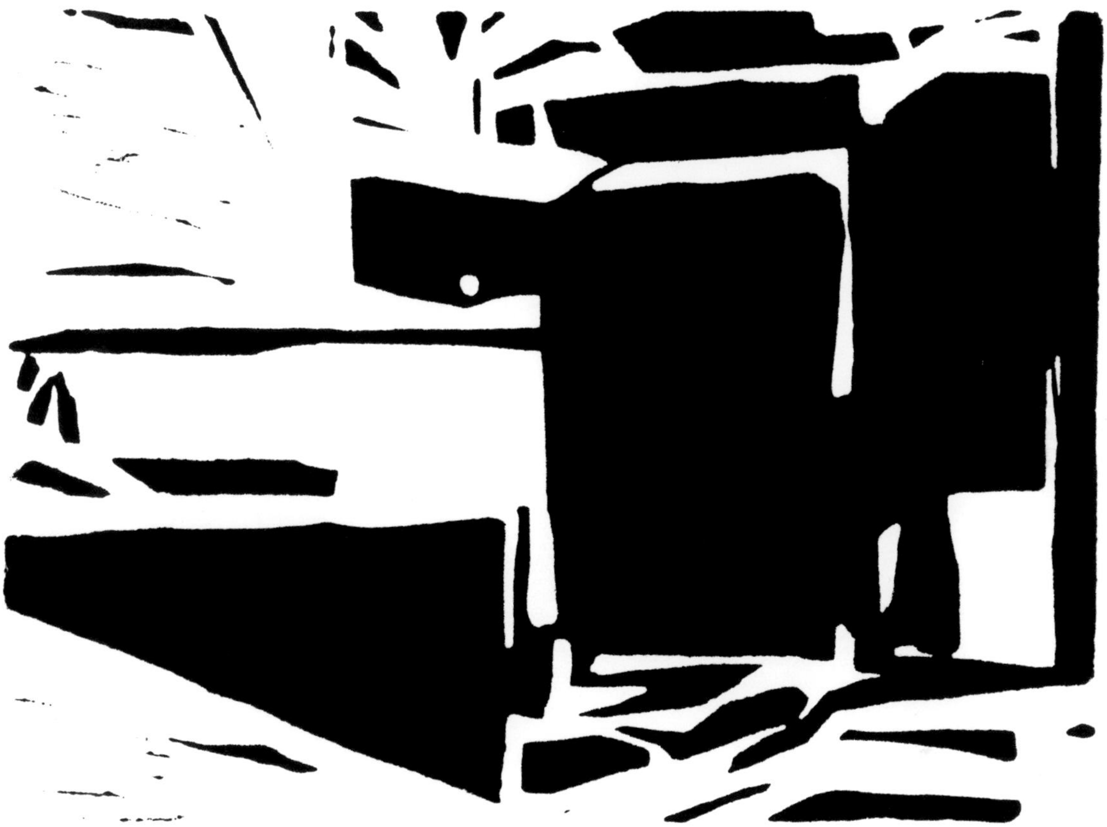

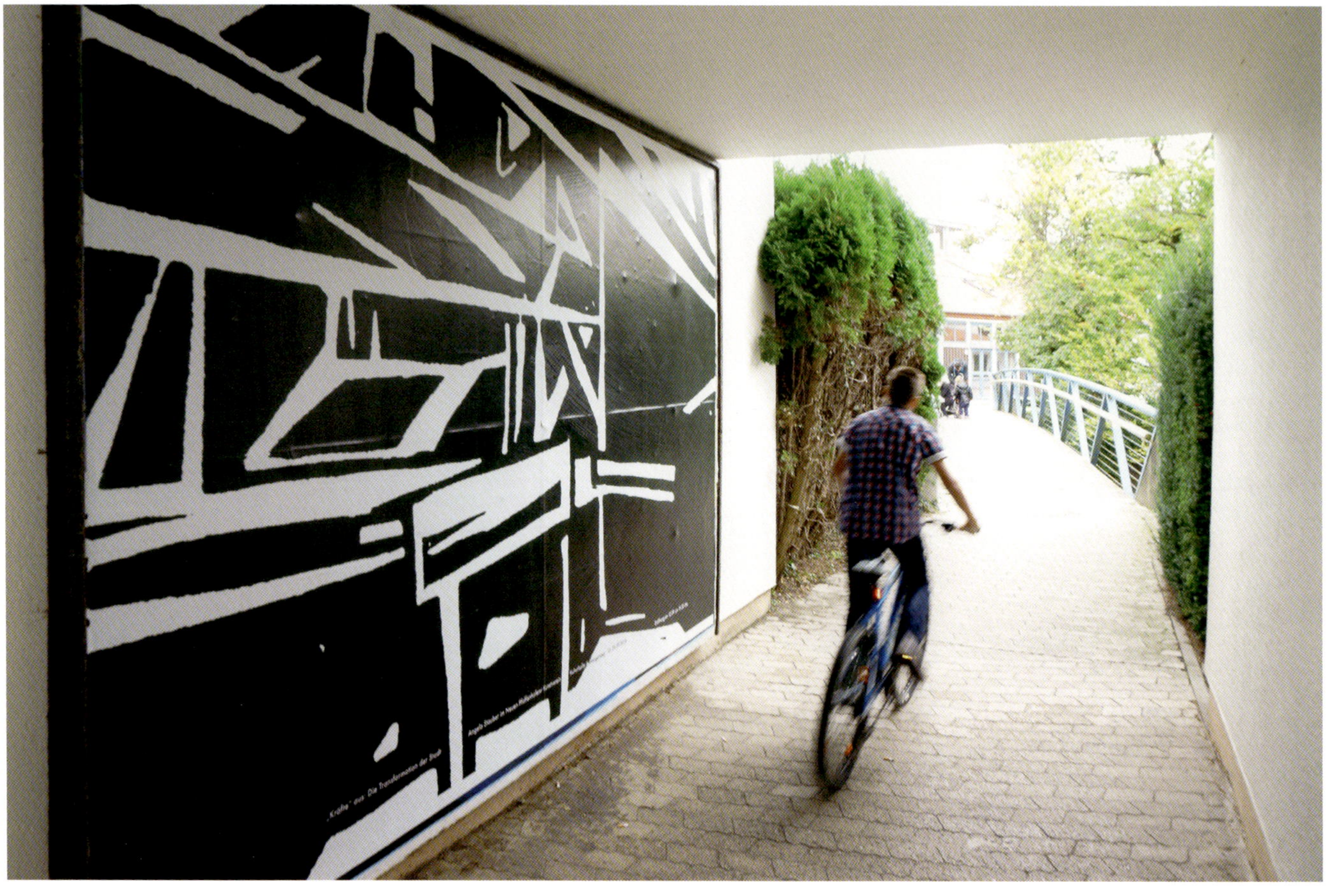
„Krähe" aus: Die Transformation der Stadt

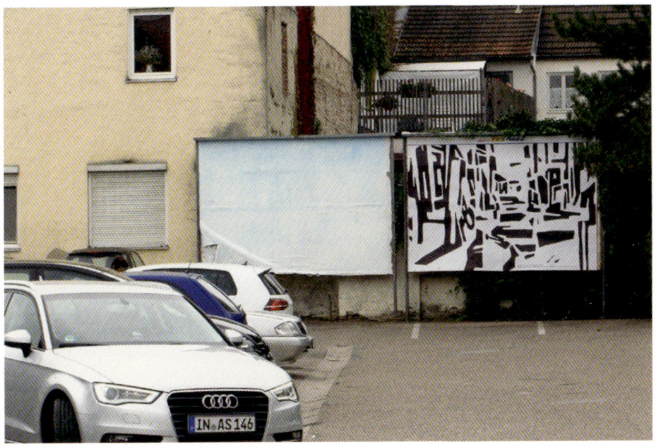

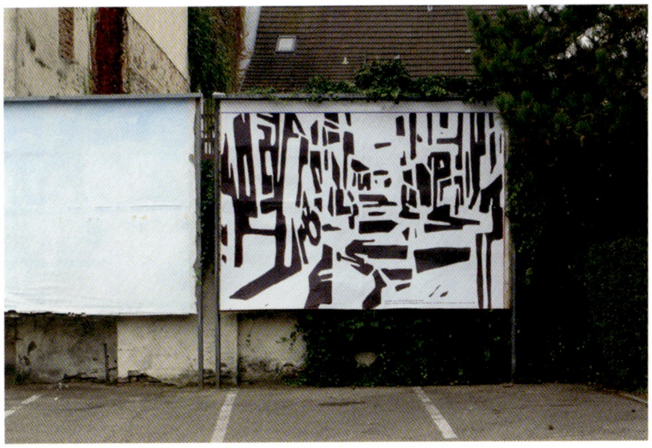

Plakate in Pfaffenhofen an der Ilm
Teil der Ausstellung **‚Mundus, mundi'** · 2014
Neuer Pfaffenhofener Kunstverein

Posters in Pfaffenhofen an der Ilm
part of the exhibition ***'Mundus, mundi'*** *· 2014*
Neuer Pfaffenhofener Kunstverein

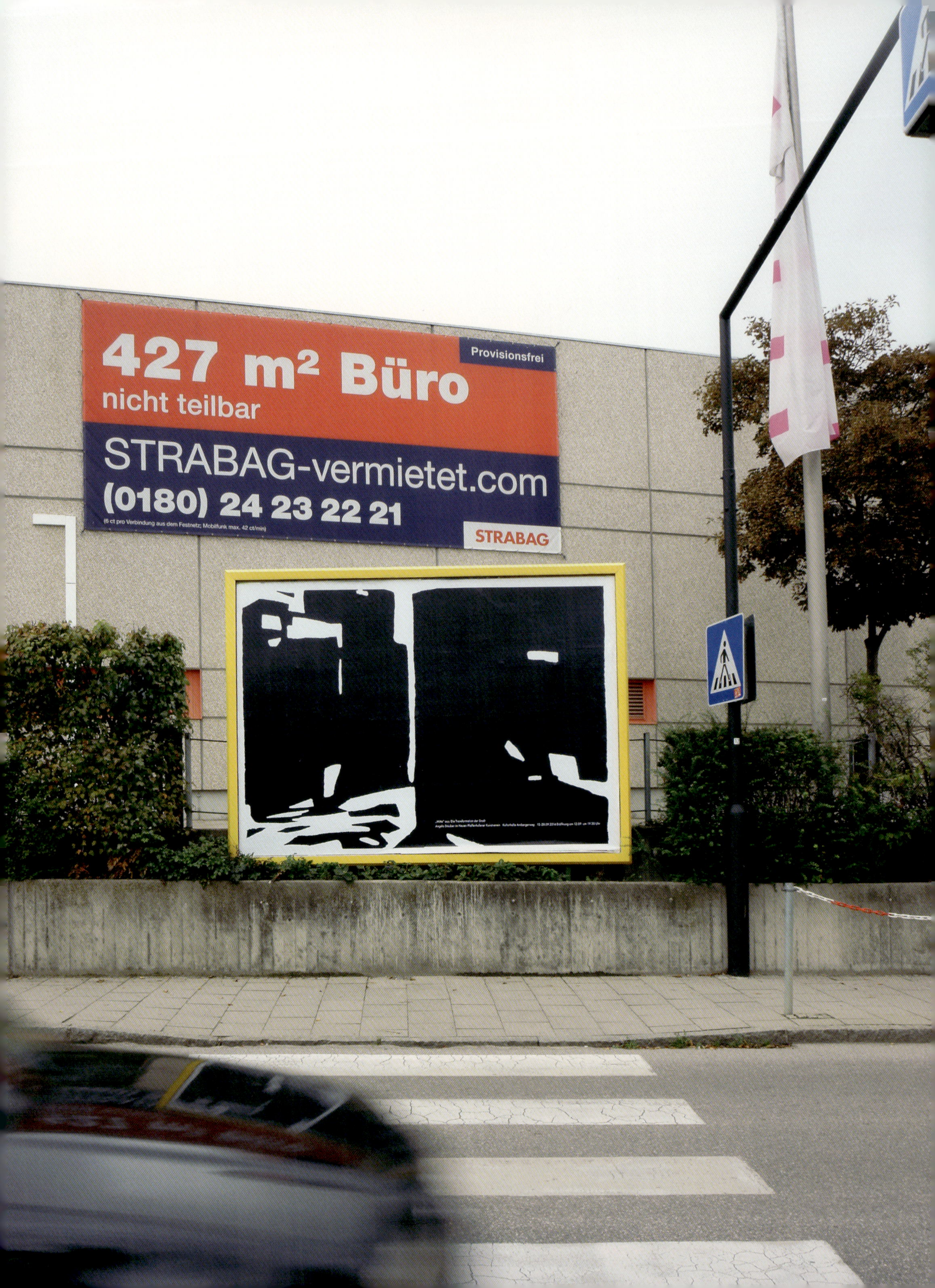
427 m² Büro
Provisionsfrei
nicht teilbar
STRABAG-vermietet.com
(0180) 24 23 22 21
(6 ct pro Verbindung aus dem Festnetz; Mobilfunk max. 42 ct/min)
STRABAG

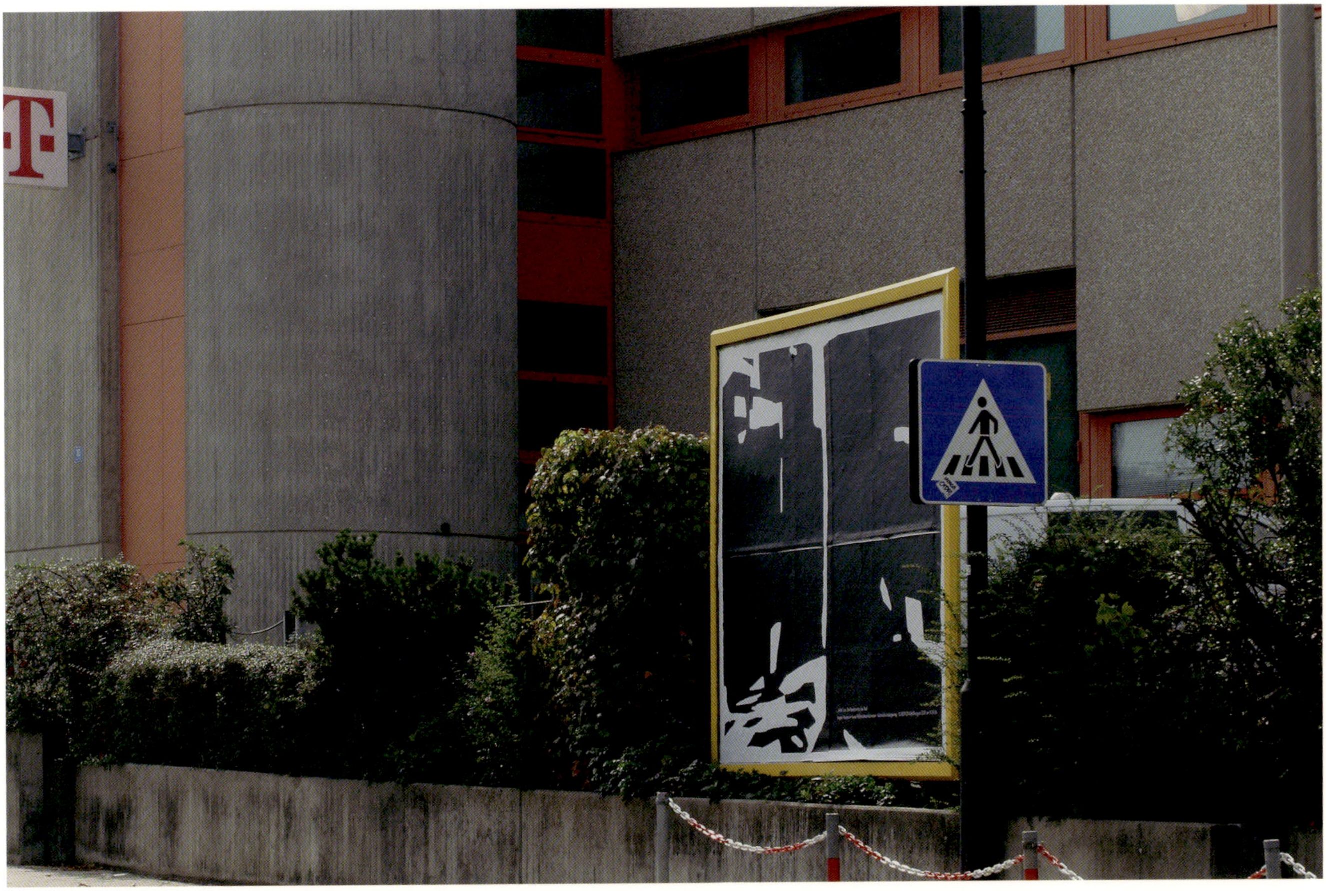

Plakate in Pfaffenhofen an der Ilm
Teil der Ausstellung **‚Mundus, mundi‘** · 2014
Neuer Kunstverein Pfaffenhofen

Posters in Pfaffenhofen an der Ilm
*part of the exhibition **'Mundus, mundi'** · 2014*
Neuer Kunstverein Pfaffenhofen

ZWISCHEN ERFASSEN UND AUFLÖSEN
Visuelle Wahrnehmung im malerischen Werk von Angela Stauber

„In Wahrheit aber verändern wir uns ohne Unterlaß, und schon der Zustand selbst ist Veränderung."[1] Der französische Philosoph Henri Bergson (1859–1941) betonte mit seinem Begriff der ‚Dauer' (frz. *durée*) den unablässigen Wandel, der die menschliche Existenz bestimmt. Alles verändert sich und ist somit in einer kontinuierlichen Bewegung begriffen. In der Konsequenz ist unsere visuelle Wahrnehmung als andauernder Prozess zu beschreiben, der die Veränderungen der Umgebung in Echtzeit übermittelt, um Reaktionen auf sie zu ermöglichen. Wie bei einer Kamera, deren Verschluss ununterbrochen geöffnet ist, fällt Licht, das von der Umgebung reflektiert wird, durch die Linse des Auges auf die lichtempfindliche Netzhaut. Die dort erzeugten Sinneseindrücke werden in elektrische Impulse übersetzt, um im Gehirn verarbeitet zu werden. Dabei werden die Netzhautbilder mit vorab erworbenen Eindrücken abgeglichen und in Kontext gesetzt. Die Beobachtung der Gegenwart verschränkt sich so mit den Erfahrungen der Vergangenheit.

Wie kann die sich immerfort wandelnde Umgebung in ein stimmiges malerisches Bild übersetzt werden, das statisch ist? Ein gegenständliches Gemälde scheint nur einen Ausschnitt der Welt wiedergeben zu können, ähnlich wie eine Fotografie nur einen kurzen Moment für die Dauer einer Belichtungszeit einfängt. Bei der Wahrnehmung hingegen wird aus vielen einzelnen Sehinformationen eine Summe gebildet, die ein möglichst vollständiges, sich stetig aktualisierendes Abbild der Realität zum Ziel hat.

Die Künstlerin Angela Stauber beobachtet ihre Umgebung, den Innenraum ihres Ateliers und die darin befindlichen Objekte sehr präzise: Wie sich die Wahrnehmung eines vertrauten Gegenstandes ändert, wie dieser bei bestimmtem Licht beispielsweise auf einmal flach wirkt und mit dem hellen Untergrund zu verschmelzen droht, oder wie dunkle Schatten ihm eine geisterhafte Aura verleihen können. Die Vielfalt und Wandelbarkeit der alltäglichen Umgebung ist faszinierend und birgt immer wieder neue Motive. Von Bild zu Bild lotet Stauber Möglichkeiten aus, die Erscheinungen in ein malerisches Äquivalent

1 Henri Bergson: *Schöpferische Entwicklung*. Jena 1921, S. 9.

zu übersetzen. Ausgiebig studiert sie einen Gegenstand, bis sie sich dessen äußere Gestalt eingeprägt und die wesentliche Struktur verinnerlicht hat. Anstatt detailliert zu kopieren, lässt sie sich vom schöpferischen Prozess des Malens leiten, lässt dem Zufall Raum, übersteigert die Farben, deutet Formen lediglich an. Weder ein festes Konzept noch planvolle Skizzen beeinflussen diese intuitive Arbeitsweise. Das Ergebnis sind Gemälde, die die Wahrnehmung der Künstlerin widerzuspiegeln scheinen, in ihrer Subjektivität, aber auch in ihrer ganzen Dynamik und Flüchtigkeit.

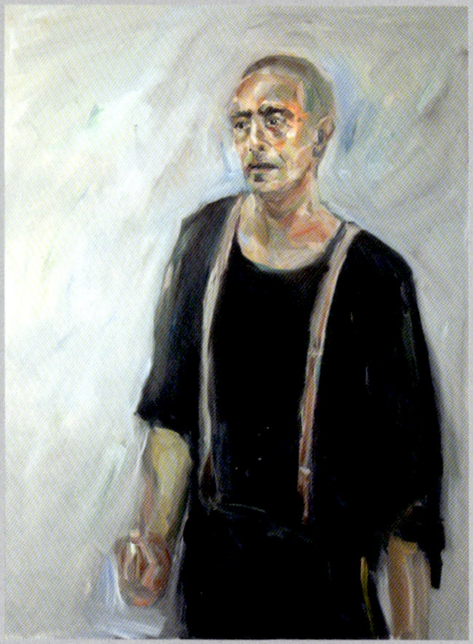

Abb. 1
fang mich 1 · 2011
Öl auf Leinwand · 150 x 130 cm

Mit dem Thema der Figur beschäftigt sich die Meisterschülerin Sean Scullys seit ihrem Studium an der Akademie der Bildenden Künste in München. 2011 entwickelte sie die großformatige Serie *fang mich,* bei der ihr ein Clown im Atelier Modell stand.**Abb. 1** Allerdings stand er nicht, er bewegte sich vielmehr, nahm in kurzen Sequenzen verschiedene Rollen ein. Die Herausforderung dieses Projekts liegt auf der Hand: Schnelle Bewegungen mussten bildlich erfasst werden. Das Thema der bewegten menschlichen Figur wurde 2012 in der siebenteiligen Serie *alter ego* wieder aufgegriffen. Mit breiten gestischen Pinselstrichen und stark verdünnter Ölfarbe skizzierte Stauber in den offenen Kompositionen unterschiedliche Positionen und Ansichten eines weiblichen Modells im Atelier. In ihrer durchscheinenden Zartheit besitzt die Ölfarbe hier eine an Aquarellfarben erinnernde Qualität. Die locker hingeworfenen Lasuren bespielen nur einen Teil des großen Formats, der Rest des weißen Leinwandgrundes liegt frei und wird mit seinem Eigenton in die farbliche Wirkung einbezogen. Die Dinglichkeit der offen zutage tretenden Leinwand verweist dabei auf das Bild als gemalte Illusion. Durch die Verwendung eines Malmittels, bestehend aus Harz und Terpentin, werden einzelne Partien durch eine Glanzschicht hervorgehoben. Wiederum wird auf diese Weise die Oberfläche und Materialität des Bildträgers betont und schiebt sich als Wahrnehmungsebene vor die Darstellung der menschlichen Figur.

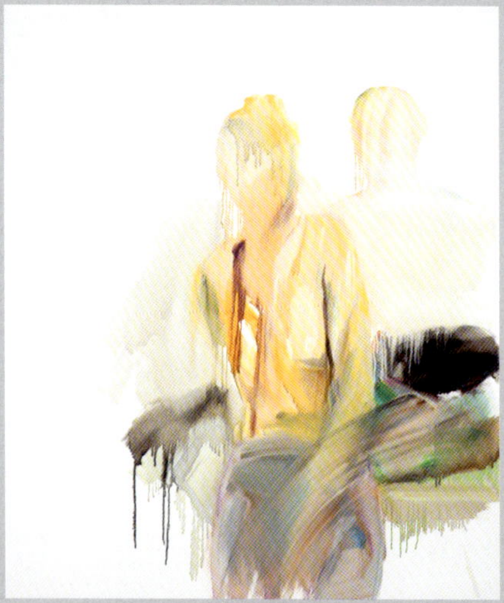

Abb. 2
Gelbe Figur · 2012
Öl auf Leinwand · 130 x 110 cm

In der Serie *alter ego* gelingt es Stauber, nicht nur die Bewegung des Modells im Atelier, sondern auch ihre eigene Aktivität beim Malen einzufangen. In dem großformatigen Ölgemälde *Gelbe Figur* ist das Modell in der Mitte des Bildes in frontaler Ansicht wiedergegeben.**Abb. 2** Die junge Frau ist bis unterhalb der Hüfte zu sehen, sie trägt eine bläulich-violette Hose. Ihr Oberkörper scheint unbekleidet, so sind der Bauchnabel und die rechte Brust zu erahnen. Das helle Haar ist zu einem Dutt hochgebunden, das Gesicht ist nicht im Detail ausgeführt. Die gesamte Erscheinung ist flächig gehalten. Ein mit wenigen Pinselstrichen angedeuteter dunkler Bereich hinter der Frau suggeriert eine Wand oder Fensterbrüstung, an die sie sich anlehnt und mit der hinter den Körper geschobenen rechten Hand abstützt. Ihr Oberkörper kippt dadurch leicht zur linken Seite.

Der skizzenhafte, dynamische Duktus und der daraus resultierende unscharfe Umriss der Figur verweisen auf vertraute visuelle Wahrnehmungseffekte. Während Gegenstände relativ klar zu erfassen sind, da sie regungslos verharren, betont Stauber die Veränderlichkeit und Lebendigkeit des Menschen. In dem Gemälde scheinen sich mehrere Haltungen der Figur zu überlagern, vermittelt durch die flüchtige Formulierung des Körpers, die dessen Form in der Bewegung aufzulösen scheint. Der Wechsel zwischen verschiedenen Posen bricht die einheitliche Linie der Körpersilhouette auf.

Die Bewegung des linken Armes, den das Modell vor den Körper nimmt, ist in einer schwungvollen, bogenförmig nach unten weisenden Geste erfasst. Mit einem Tuch wurde dabei die noch nasse Farbe des dunkelgrünen Hintergrundes und der Hose verwischt. Die entstandene Bewegungsspur macht den räumlichen Verlauf und die Geschwindigkeit der Bewegung deutlich, die fließende Kontinuität der Geste wird unterstrichen. Bereits zu Beginn des 20. Jahrhunderts gab es in der Fotografie den Versuch, die ununterbrochene Dauer einer Bewegung sichtbar zu machen. Die Brüder Anton Giulio (1890–1960) und Arturo (1893–1962) Bragaglia, die Verbindungen zum italienischen Futurismus pflegten, beriefen sich auf die Theorien Bergsons und zeigten ab 1911 alltägliche Bewegungen ebenfalls als verwischte Lichtschemen auf einer fotografischen Platte. Während dieser Effekt bei dem ‚Fotodynamismus' der Brüder Bragaglia mittels einer langen Belichtungszeit erzielt wurde, impliziert Stauber die Bewegung in der Malerei, indem sie die Geste des Modells auf der Leinwand nachvollzieht und dabei gleichzeitig ihre eigene Sehweise dieses Vorgangs widerspiegelt.

Hinter der Figur am rechten Bildrand zeichnet sich schwach eine Wiederholung der Form des Kopfes samt Rücken ab. Ist es die Spiegelung der Frau in einem Fenster hinter ihr? Oder handelt es sich, wie die erstaunlich breite Rückenpartie vermuten lässt, um einen Mann, der mit dem Rücken zur Frau sitzt und von dem sich diese in einer vehementen Drehung abwendet? Die Doppelung erinnert aber auch an den Effekt des Nachbildes: Seheindrücke verbleiben stets einen kurzen Moment auf der Netzhaut, auch wenn der auslösende Lichtreiz schon wieder verblasst ist. Unter bestimmten Bedingungen kann diese zeitliche Verzögerung des Sehens bewusst wahrgenommen werden – zum Beispiel nachdem man einige Zeit in eine helle Lichtquelle geblickt hat. Die schwache Körpersilhouette im Hintergrund könnte folglich als Nachbild des Modells verstanden werden. Während des Malens veränderte die Künstlerin, wenn auch minimal, ihren Standort. Diese Eigenbewegung erzeugte eine Verschiebung des gesamten Blickfeldes, was von Wahrnehmungspsychologen als ‚optischer Fluss' bezeichnet wird. Dadurch würde das vorherige Netzhautbild als Nachbild noch einen Moment fortdauern und die Figur an der vorherigen Position abbilden. Indem sich die Bewegungen des Modells und der Künstlerin in dem Gemälde niederschlagen, wird der Zeitfaktor der Herstellung des Werkes erfahrbar. Es scheint nicht nur einen Augenblick darzustellen, sondern die wenigen Minuten des Entstehungsprozesses in verdichteter Form erfahrbar zu machen.

So bringt die über die Leinwand fließende Farbe Bewegung und damit Zeitlichkeit ins Bild. Die stark mit Terpentin verdünnte Ölfarbe erhält, nachdem sie in ausreichender Menge und Konsistenz auf den Bildträger aufgebracht wurde, eine gewisse Eigendynamik und rinnt in dünnen Bächen hinab. Ihre getrockneten Spuren auf der Leinwand zeigen den Verlauf dieser Bewegung, erscheinen wie geronnene Zeit. Sie brechen die visuelle Einheit der Figur auf, scheinen sie zu verflüssigen. Indem der Betrachter den Pinselstrichen mit den Augen folgt, wandert er das Bild langsam ab, erschließt sich sukzessive die Komposition und erfährt auf diese Weise seine eigene Wahrnehmung als bewegten Prozess. Er erlebt die Subjektivität seines Sehens. Weder die Farbigkeit noch die Darstellung stimmen mit dem natürlichen Vorbild eines menschlichen Modells überein, dennoch erkennen wir – von der Natur aus auf das Erfassen von Gesichtern, Händen und menschlichen sowie tierischen Bewegungen spezialisiert – eine Person auf dem Gemälde. Fehlende Elemente, wie der rechte Arm oder die rechte Brust, werden selbstständig ergänzt.

Die zarten, sich überlagernden Lasuren dieser Gemäldeserie deuten in ihrer Offenheit einen Prozess an, der beliebig fortzusetzen wäre. Sie oszillieren zwischen einem sich Zusammenfügen zu einem Bild und einem gleichzeitigen Auflösen. So wirkt es, als würden sie eine Ahnung von der Beschaffenheit flüchtiger Netzhautbilder vermitteln, die auftauchen, sich überlagern, vergehen. Ein präzises gegenständliches Gemälde wäre in dem Moment, in dem es vollendet wäre, bereits wieder veraltet, längst überholt von der nicht enden wollenden Reihe neuer Eindrücke. Staubers Werke hingegen, die die Zeitlichkeit des Sehvorgangs auf der Fläche verdichten, animieren auch den Blick des Betrachters immer wieder neu.

Maike Teubner

BETWEEN COMPREHENSION AND DISSOLUTION
Visual Perception in the Oeuvre of Angela Stauber

'The truth is, however, that we are changing constantly, and already the state itself is transformation.'[1] The French philosopher Henri Bergson (1859–1941) emphasised with his notion of duration (*durée* in French) the ceaseless transformation which defines human existence. Everything changes and is thereby involved in continuous movement. As a consequence, our visual perception may be described as an ongoing process that conveys alterations to the environment in real time in order to allow us to react to these changes. As with a camera whose shutter stays open all the time, light reflected from the surroundings passes through the lens of the eye onto the light-sensitive retina. The sensory impressions engendered there are translated into electrical impulses which are subsequently processed in the brain. The retinal images are compared with previously received impressions and are inserted into a context. Thus observation of the present becomes interwoven with experiences from the past.

How is it possible to translate the constantly changing environment into a coherent painterly image which is static? An objective painting seems only able to present a segment of the world, just as a photograph captures no more than a brief instant for the duration of an exposure time. In perception, on the other hand, many individual bits of visual information are arranged into a sum whose goal is to present an image of reality that is as complete as possible and that constantly updates itself.

The artist Angela Stauber observes her surroundings, the interior of her studio and the objects located therein with great precision. She notices how the perception of a familiar object changes – for example, how it suddenly seems flat in a certain light and runs the danger of blending with the bright background, or how dark shadows can imbue it with a spooky aura. The diversity and mutability of the everyday environment is fascinating and contains constantly new motifs. From one picture to the next, Stauber explores possibilities for translating these appearances into a painterly equivalent. She studies an object exhaustively until she has assimilated its outer shape and absorbed

1 Henri Bergson: *Schöpferische Entwicklung*. Jena 1921, p. 9.

its essential structure. Instead of making a detailed copy, she allows herself to be guided by the creative process of painting, leaves space for chance happenings, exaggerates the colours, hints only vaguely at forms. Neither a fixed concept nor tactical planning exercises an influence on this intuitive manner of working. What arises are paintings which seem to reflect the artist's perception in its subjectivity, but also in all its dynamism and transience.

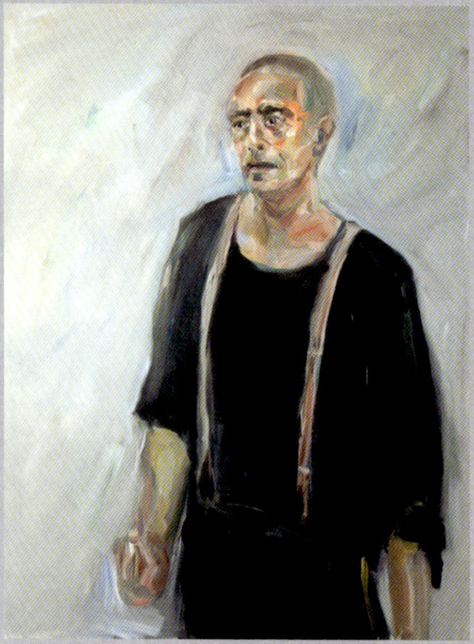

illus. 1
fang mich 1 · 2011
oil on canvas · 150 x 130 cm

Ever since her studies at the Academy of Visual Arts in Munich, the master pupil of Sean Scully has been concerned with the theme of the figure. In 2011 she developed the large-format series *fang mich* ('catch me'), in which a clown posed as a model for her in the studio.**illus. 1** He did not stand still but instead moved about, taking on various roles in succession. The challenge of this project is obvious: quick movements must be rendered in pictorial form. The theme of the human figure in motion was taken up again in the seven-part series *alter ego* in 2012. With broad, gestural brushstrokes and extremely thinned oil paint, Stauber sketched in her open composition various positions and views of a female model in the studio. Here in its translucent delicacy, the oil paint takes on a quality reminiscent of watercolour. The casually applied glazes cover only a part of the large format; the rest of the white canvas background is free and, with its individual tone, is included in the impact of the colour. The objecthood of the canvas coming to light points towards the picture as a painted illusion. Through the use of a mixture of resin and turpentine, individual sections are emphasised by a shining surface. In this way the two-dimensionality and materiality of the pictorial ground are emphasised once again and thrust themselves in front of the depiction of the human figure as a perceptual level.

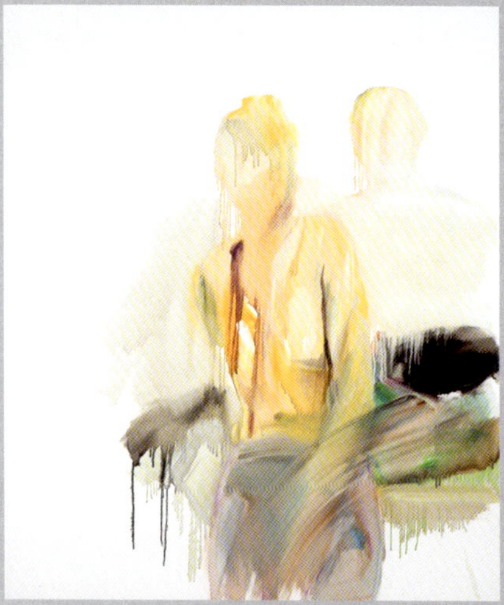

illus. 2
Gelbe Figur, 2012,
oil on canvas · 130 x 110 cm

In the series *alter ego,* Stauber successfully captures not only the movement of the model in the studio but also her own activity while painting. In the large-format oil painting *Gelbe Figur* ('Yellow Figure') the model is rendered in the middle of the picture in a frontal view. **illus. 2** The young woman can be seen from her head to below the hips, and she is wearing a bluish-violet pair of trousers. Her upper body seems to be unclothed; the navel and right breast can be surmised. The light-coloured hair is bound up into a bun; the face is not depicted in detail. The entire appearance remains flat. A dark area hinted at with a few brushstrokes behind the woman suggests a wall or a window railing against which she leans and props herself up with the right hand thrust behind the body. Her upper body thereby leans slightly to the left.

The sketchy, dynamic flow and concomitantly blurred outline of the figure point towards familiar visual effects of perception. Whereas objects can be relatively clearly defined because they remain still, Stauber emphasises the mutability and vitality of the human being. Several attitudes of the figure seem to overlap in the painting, conveyed by the fleeting depiction of the body which seems to dissolve its form into movement. The shift between the various poses breaks up the uniform line of the bodily silhouette.

The movement of the left arm made by the model in front of the body is captured in a swinging, curved gesture pointing downwards. The still-wet paint of the dark green background and the pair of trousers was wiped with a cloth. The trace of movement thereby created makes the course and speed of the movement quite clear; the fluid continuity of the gesture is underlined. Already at the beginning of the twentieth century, photography endeavoured to make visible the unbroken duration of a movement. The brothers Anton Giulio (1890–1960) and Arturo (1893–1962) Bragaglia, who cultivated contacts to Italian Futurism, made reference to Bergson's theories and from 1911 onwards likewise rendered everyday movements as blurred patterns of light on a photographic plate. Whereas in the 'photo-dynamism' of the Bragaglia brothers this effect was achieved by means of a long exposure time, Stauber implies movement in her painting by reproducing the gesture of the model on the canvas and simultaneously reflecting her own perspective with regard to this process. Behind the figure along the right edge of the picture, there is a faint repetition of the form of the head along with the back. Is this a reflection of the woman in a window behind her? Or, as is hinted at by the astoundingly broad back, is it a matter here of a man who is sitting with his back towards the woman and from whom she turns away in a vehement motion? But the duplication is also reminiscent of the effect of the after-image: visual impressions always remain on the retina for a brief instant, even when the bright, initial stimulus has faded. Under certain conditions, this temporal delay can be consciously experienced – for example, after one has gazed for a while into a bright source of light. The faint bodily silhouette in the background could accordingly be understood as an after-image of the model. While painting, the artist alters her position, even if only slightly. This movement on her part creates a shift in the entire field of vision, something that is called 'optical flow' by perceptual psychologists. In this phenomenon the previous retinal image endures for a moment as an after-image and represents the figure frozen at the previous position. Inasmuch as the movements of both the model and the artist leave traces upon the painting, it becomes possible to experience the temporal factor inherent to the creation of the work. The painting seems not only to depict an instant but also to render perceptible in condensed form the few minutes during which the process of creation occurs.

Thus the paint flowing across the canvas brings movement and hence temporality into the picture. The oil paint strongly diluted with turpentine, after it has been applied in sufficient quality and consistency to the canvas, acquires a certain dynamism of its own and trickles downwards in thin streams. Its dried traces on the canvas show the course of this movement, look like melted time. They disrupt the visual unity of the figure, seem to liquefy it. In so far as the viewer follows the brushstrokes with his eyes, he slowly wanders across the picture, gradually comes to understand the composition and in this way experiences his own perception as a process in motion. He becomes aware of the subjectivity of his act of vision. Neither the colouration nor the representation conforms to the natural appearance of a human model. Nonetheless, specialised as we are in comprehending faces, hands and both human and animal movements, we recognise a person on the painting. Missing elements, such as the right arm or the right breast, are added as a matter of course.

The delicate, overlapping glazes of this series of paintings point in their openness towards a process that could be continued indefinitely. They oscillate between cohering into an image and simultaneously dissolving. This creates the impression that they could convey an intimation of the character of fleeting retinal images which come to the fore, overlap each other and disappear. A precisely objective painting would already be outdated in the moment when it was completed, long ago overtaken by a never-ending series of fresh impressions. Stauber's works, on the other hand, which condense the temporality of the visual process onto the canvas, also continue to animate the vision of the viewer time and time again.

Maike Teubner

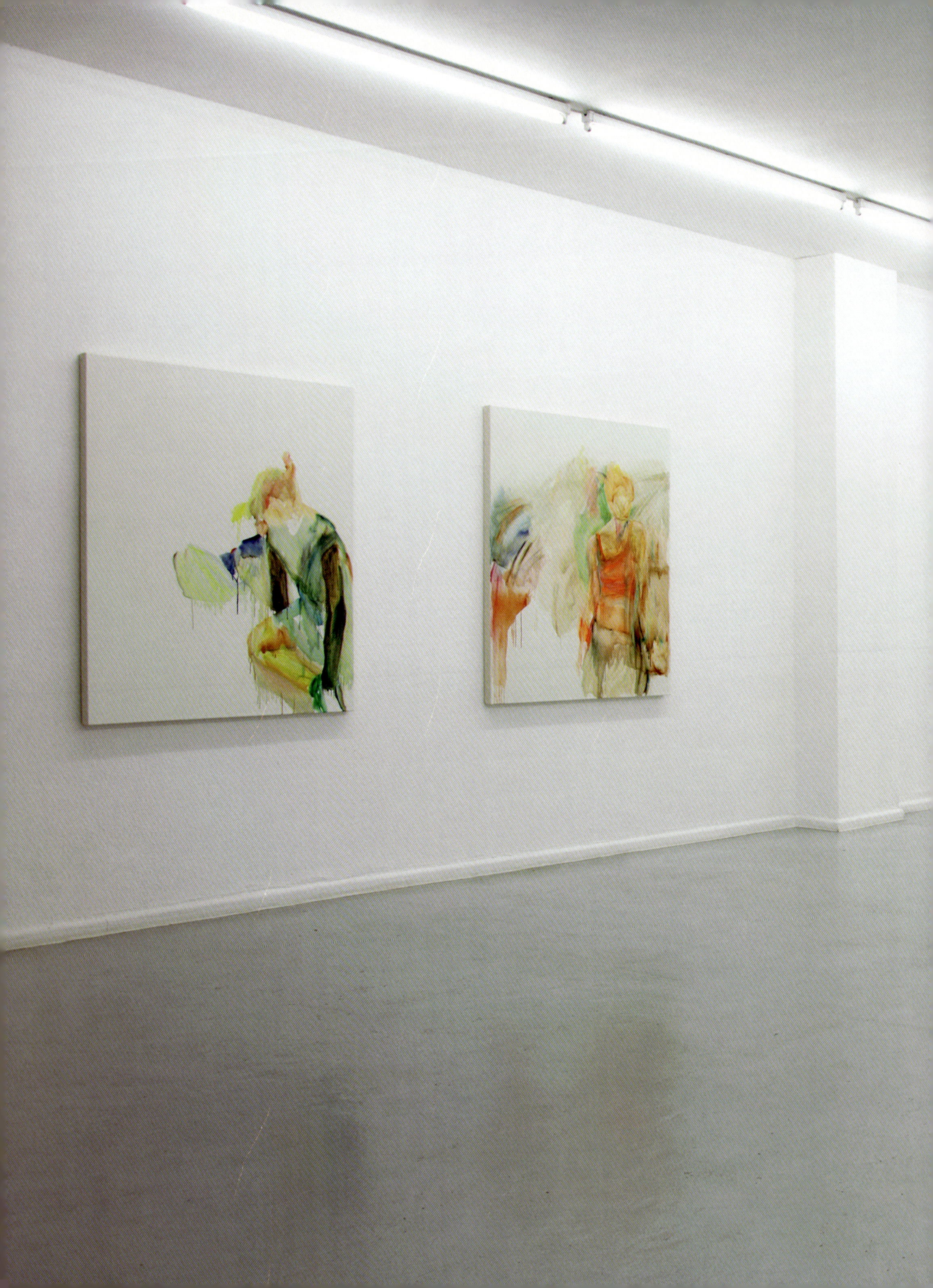

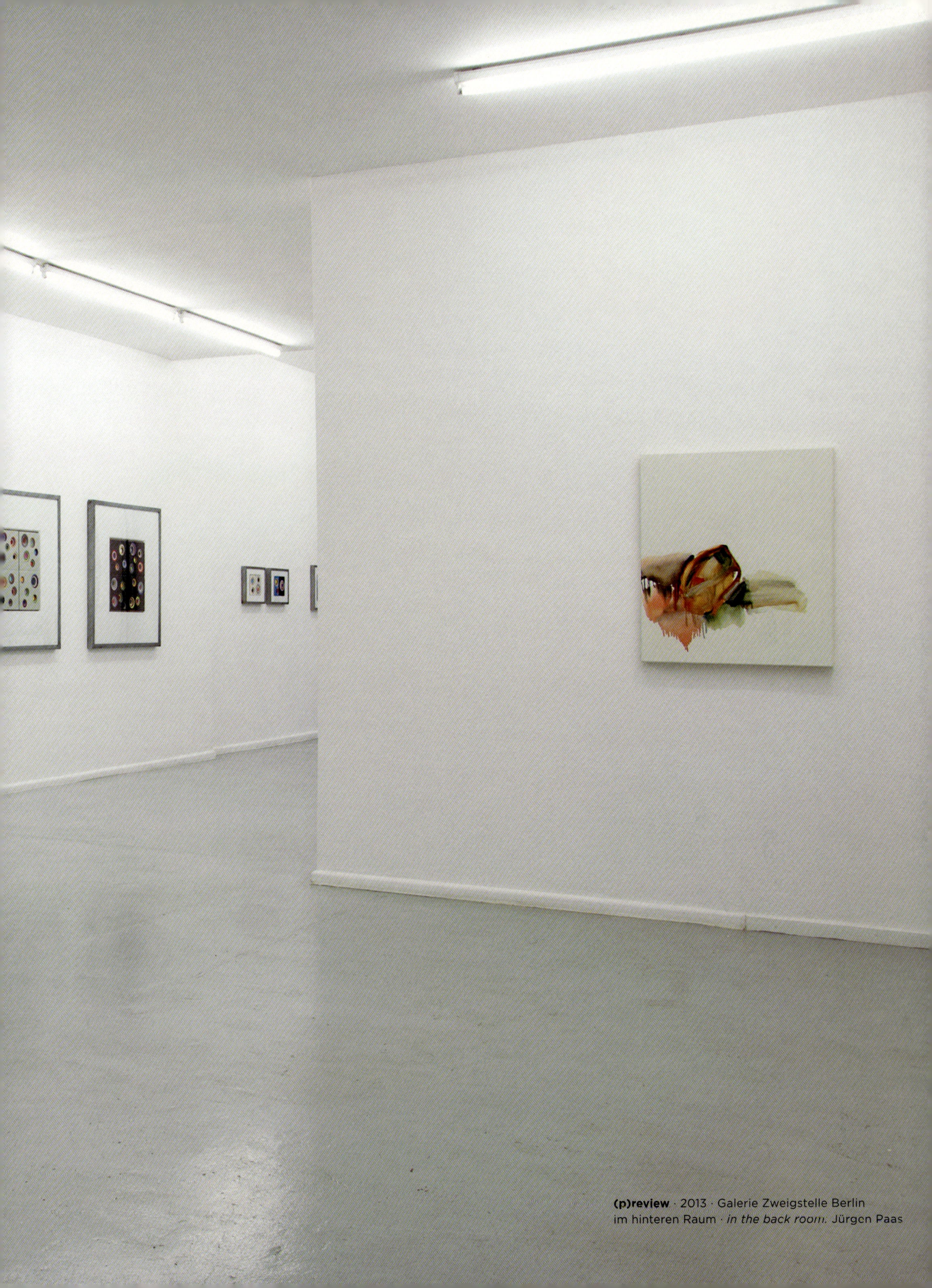

(p)review · 2013 · Galerie Zweigstelle Berlin
im hinteren Raum · *in the back room.* Jürgen Paas

ALTER EGO

diffundere · 2012
Öl auf Leinwand · *oil on canvas*
110 x 100 cm

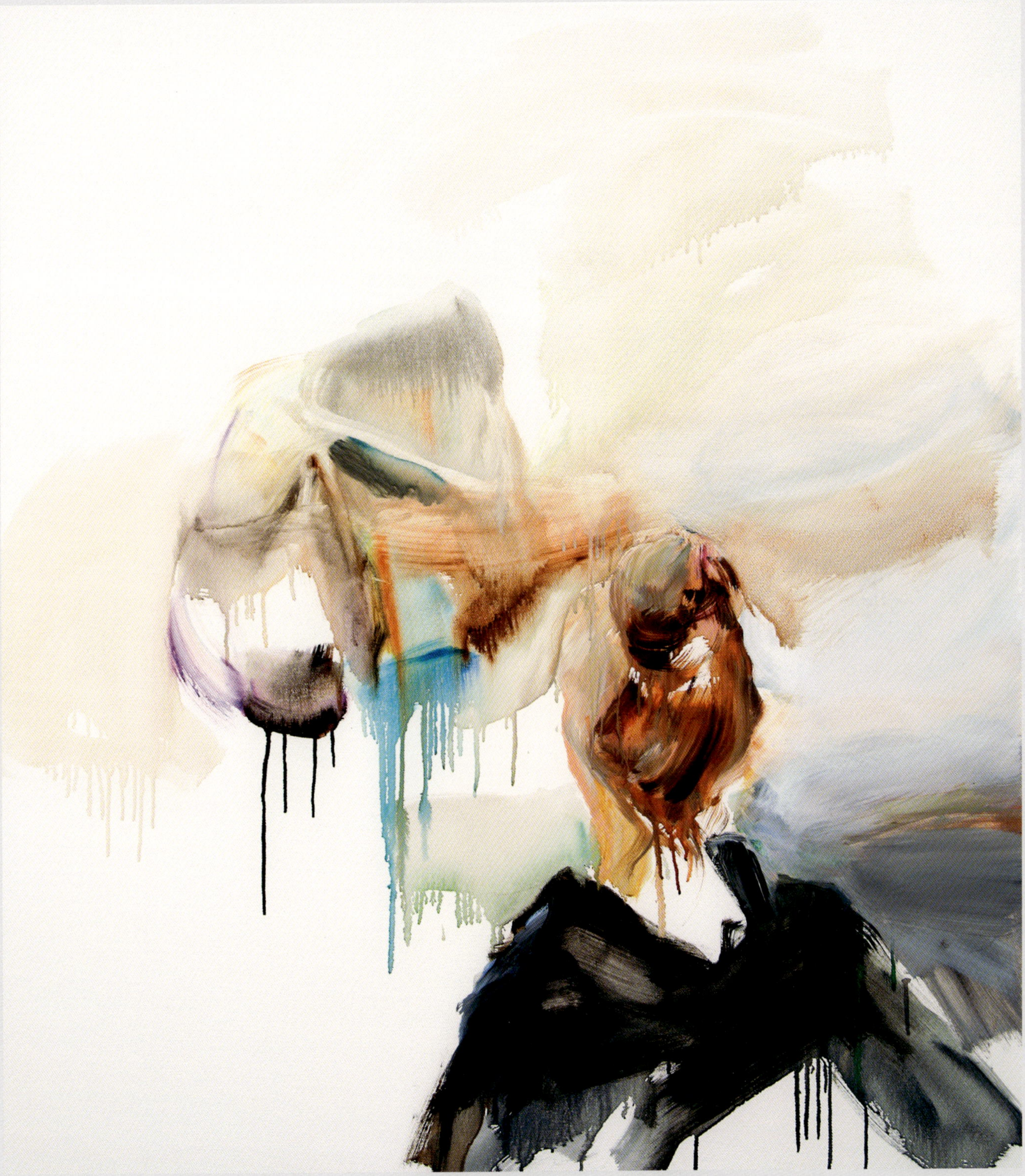

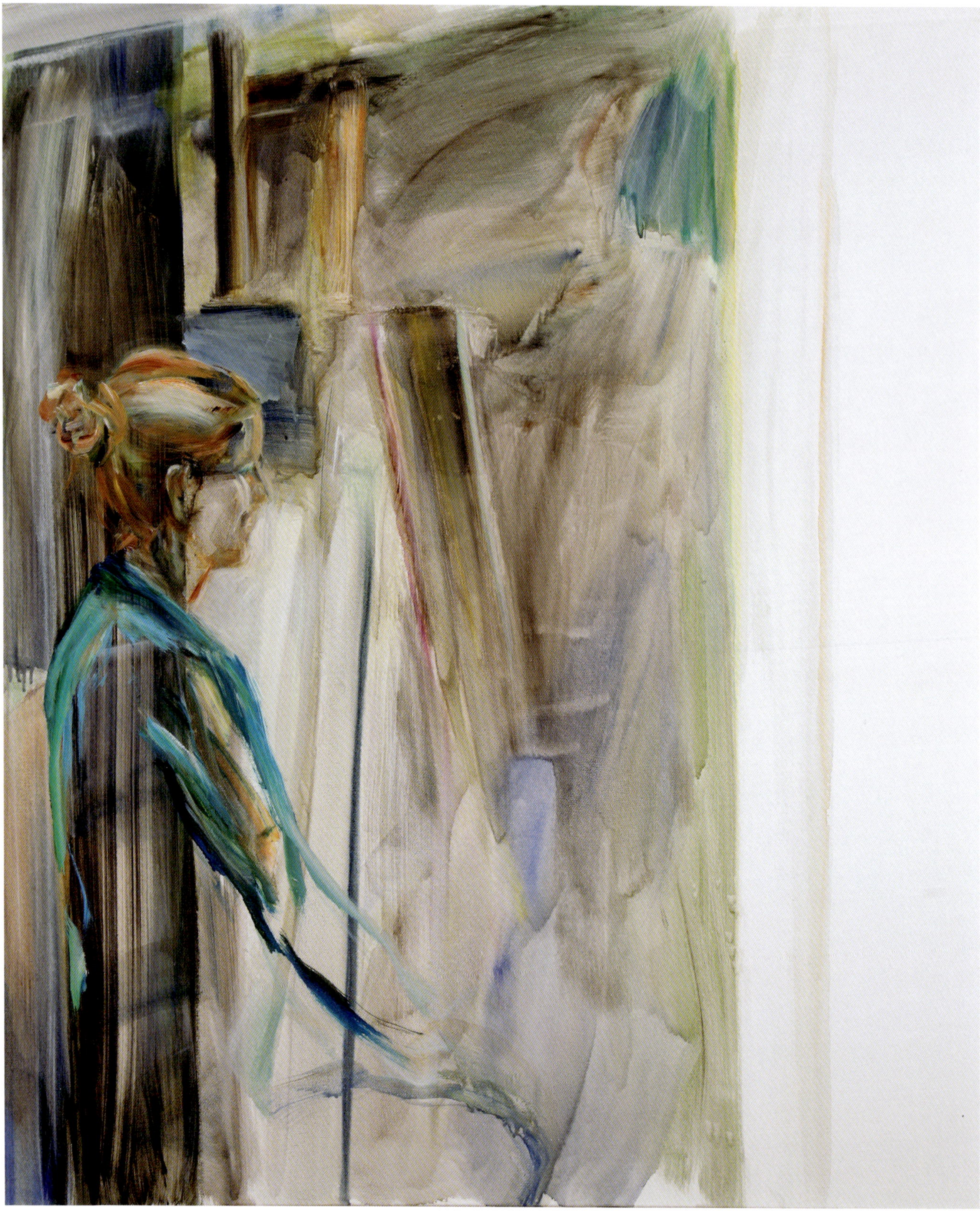

schauen · 2012
Öl auf Leinwand · *oil on canvas*
130 x 110 cm

gelbe Figur · 2012
Öl auf Leinwand · *oil on canvas*
130 x 110 cm

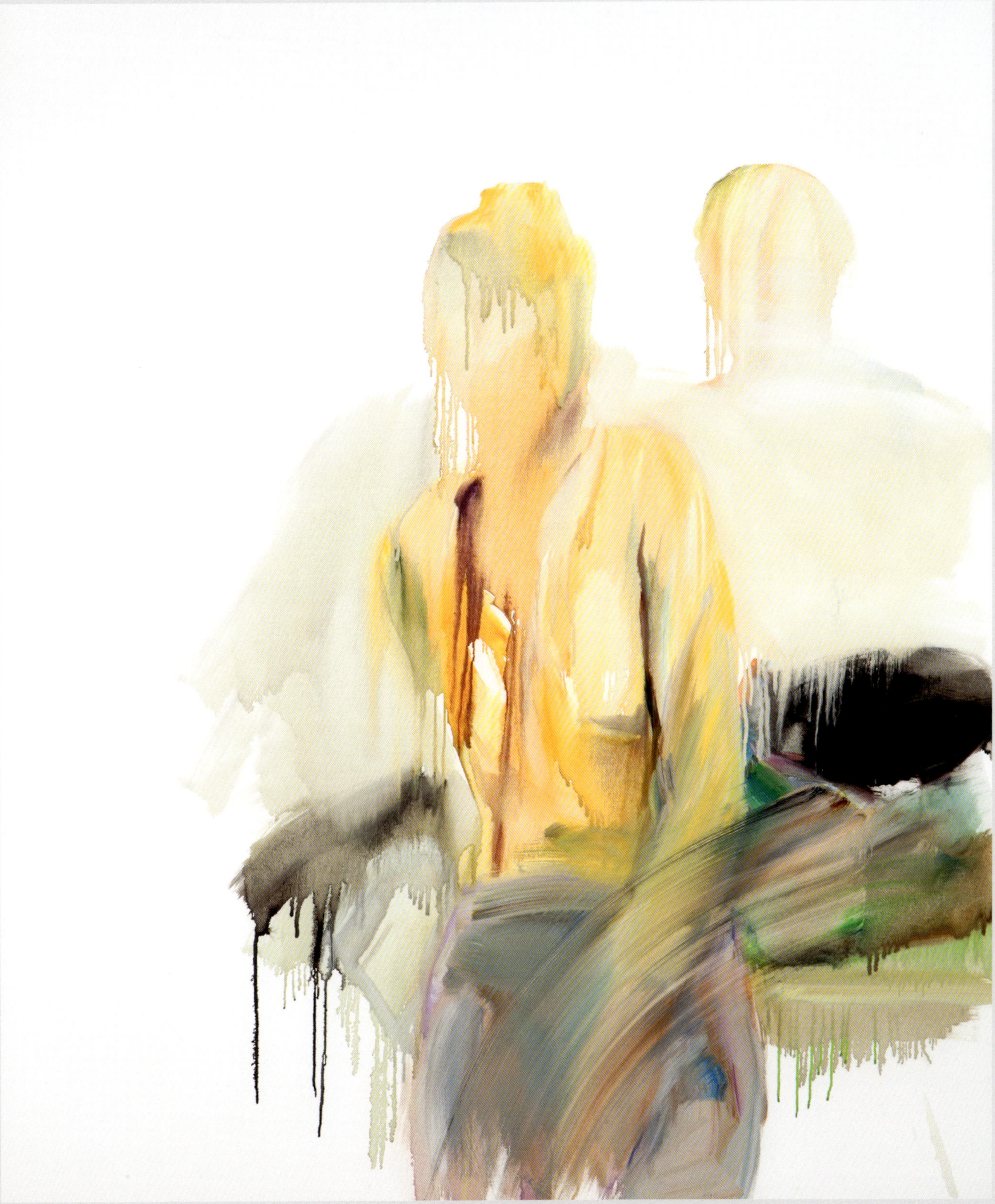

EINZELWERKE · *SINGLE WORKS*

gone · 2012
Öl auf Leinwand · *oil on canvas*
120 x 100 cm

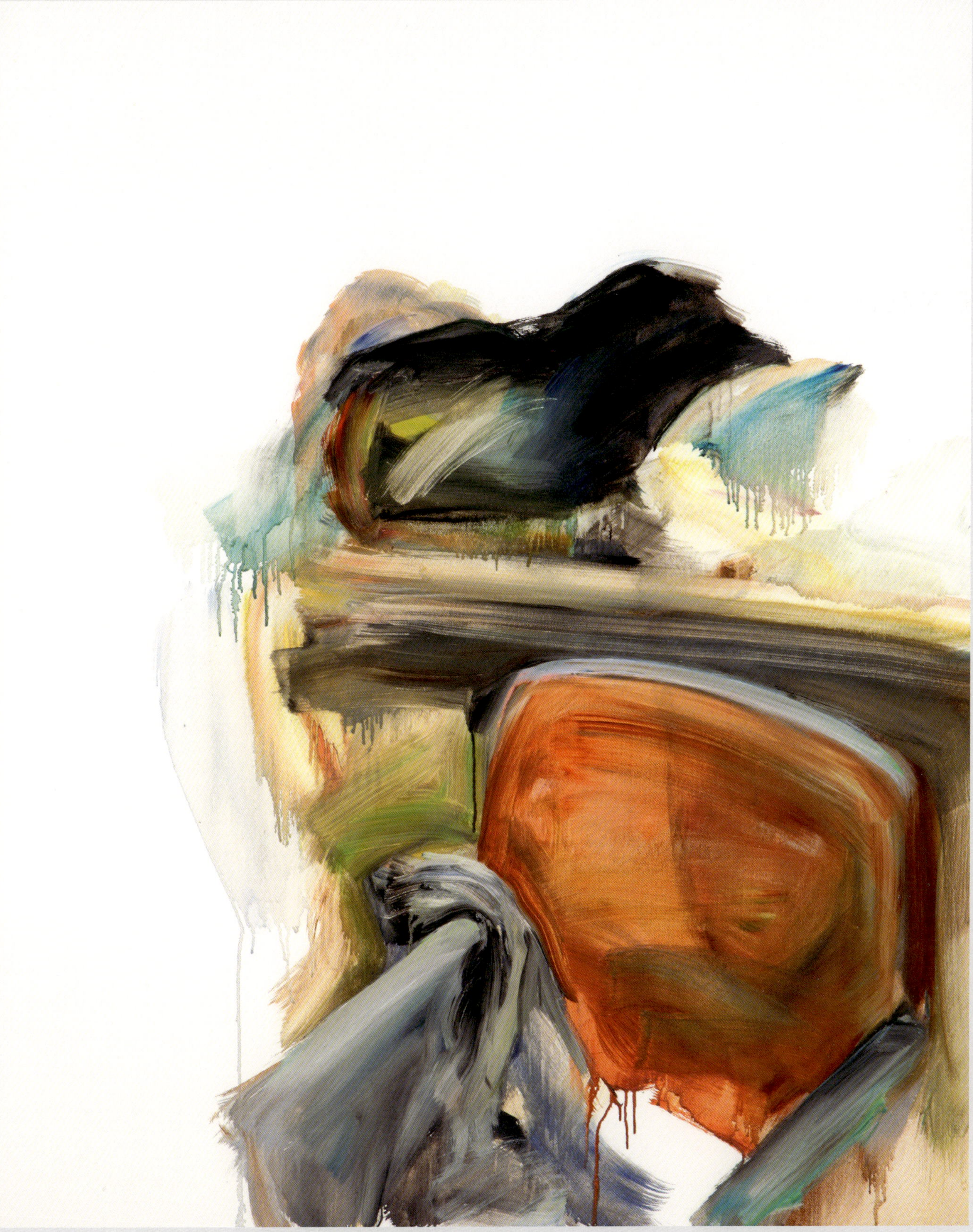

Gefüge · 2012
Öl auf Leinwand · *oil on canvas*
130 x 110 cm

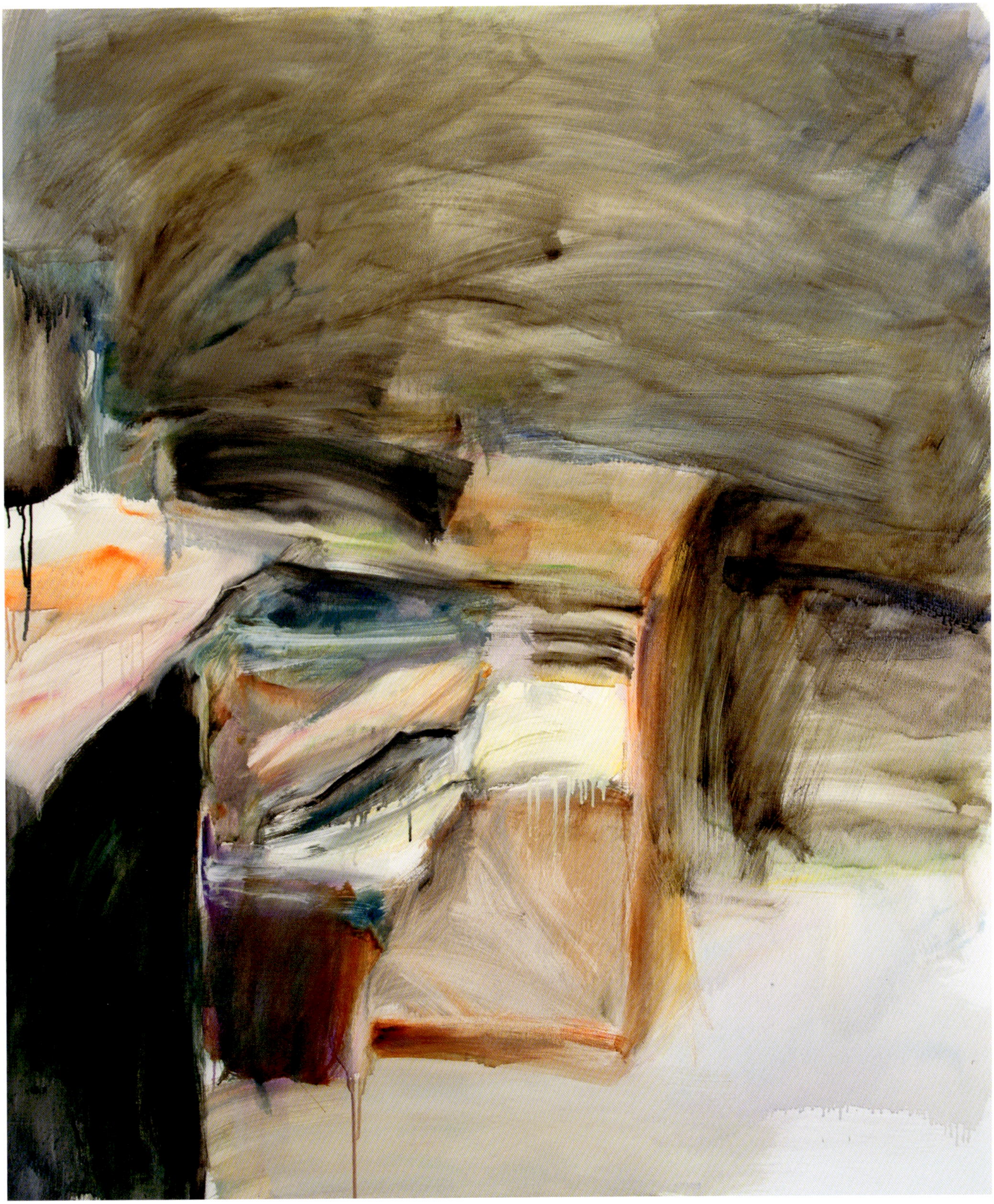

still · 2012
Öl auf Leinwand · *oil on canvas*
100 x 80 cm

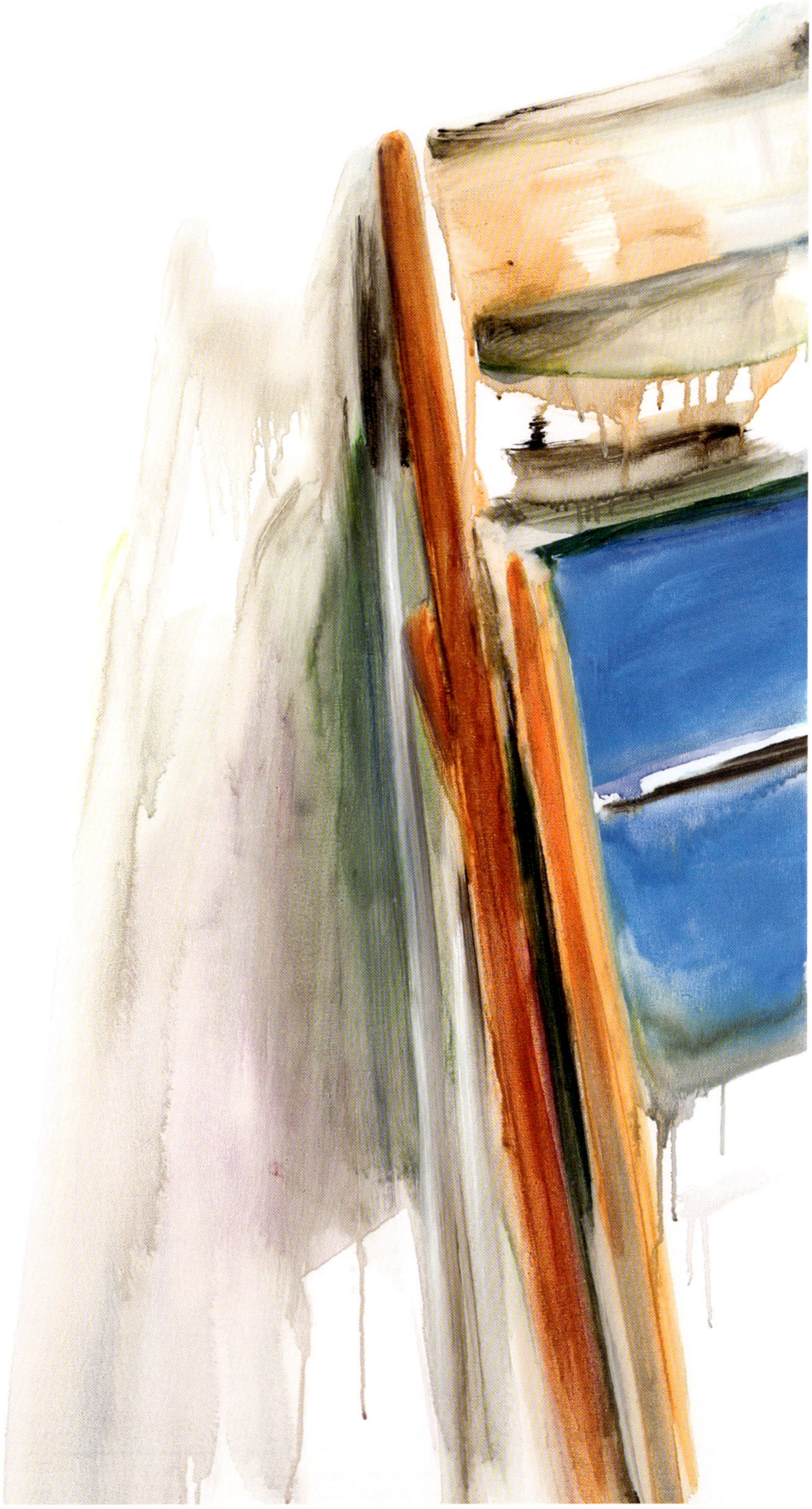

Dinge · 2012
Öl auf Leinwand · *oil on canvas*
130 x 110 cm

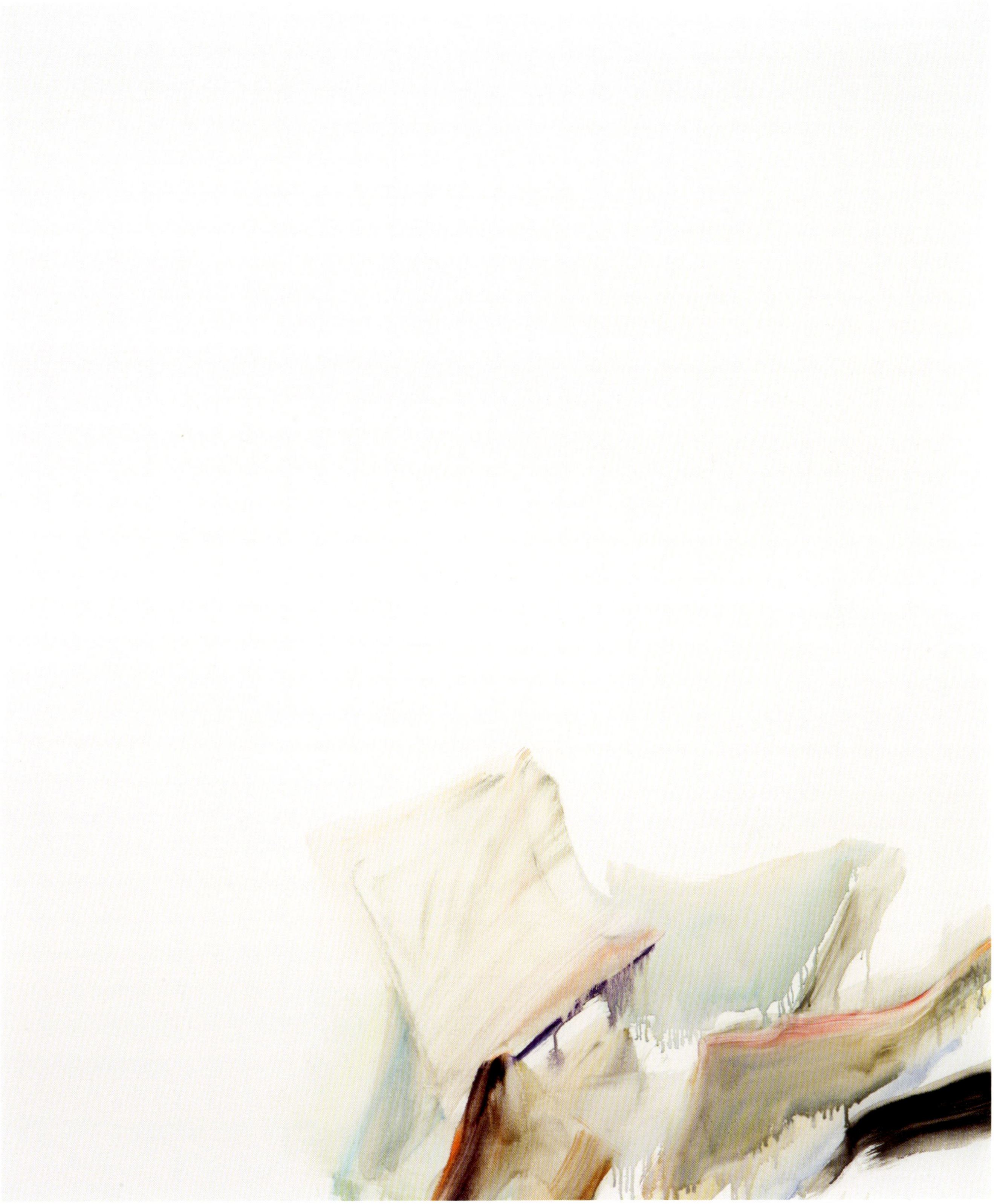

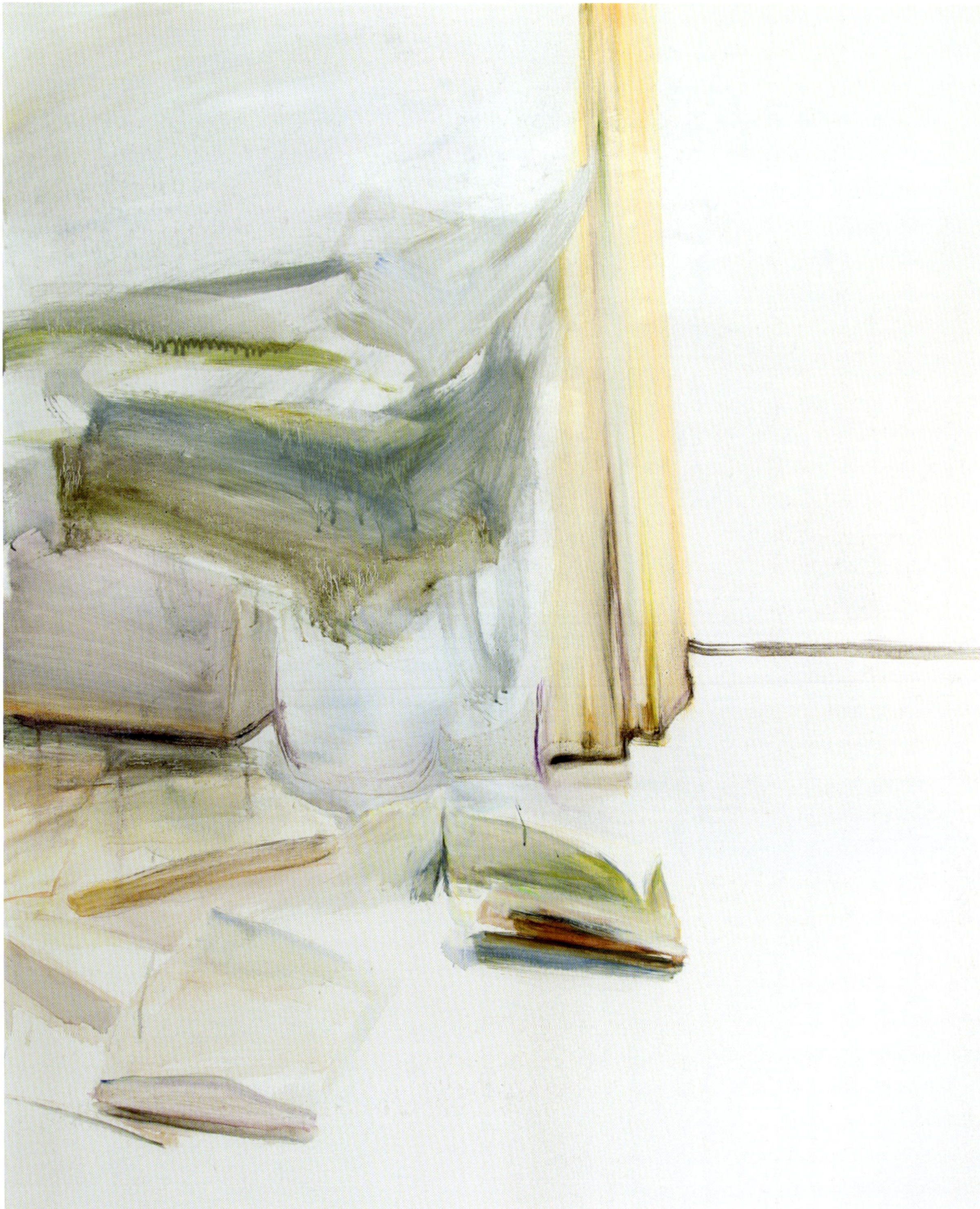

Kumulus · 2012
Öl auf Leinwand · *oil on canvas*
110 x 90 cm

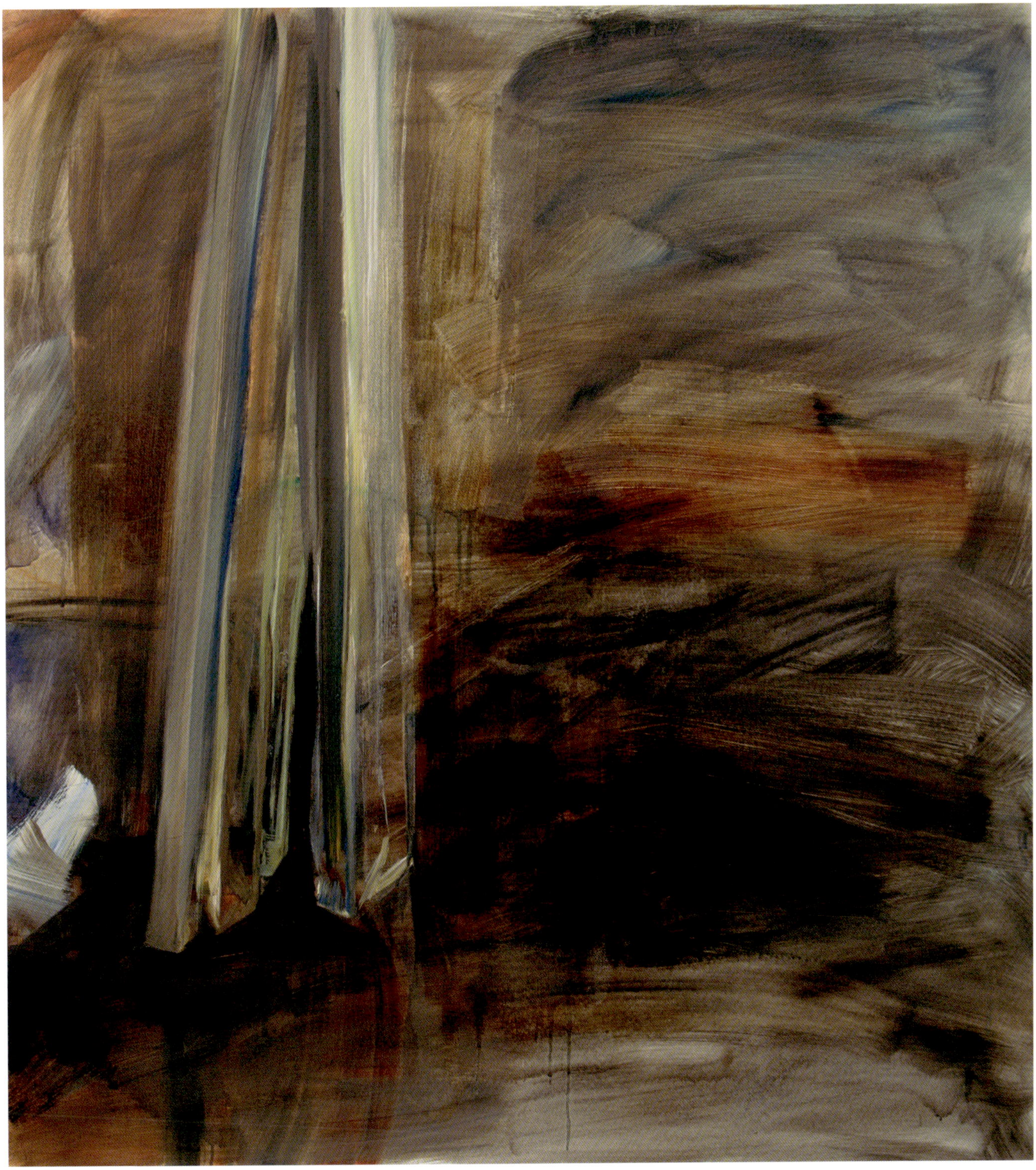

innen dunkel · 2013
Öl auf Leinwand · *oil on canvas*
110 x 100 cm

Verdichtung (Gnom) · 2014
Öl auf Leinwand · *oil on canvas*
110 x 90 cm

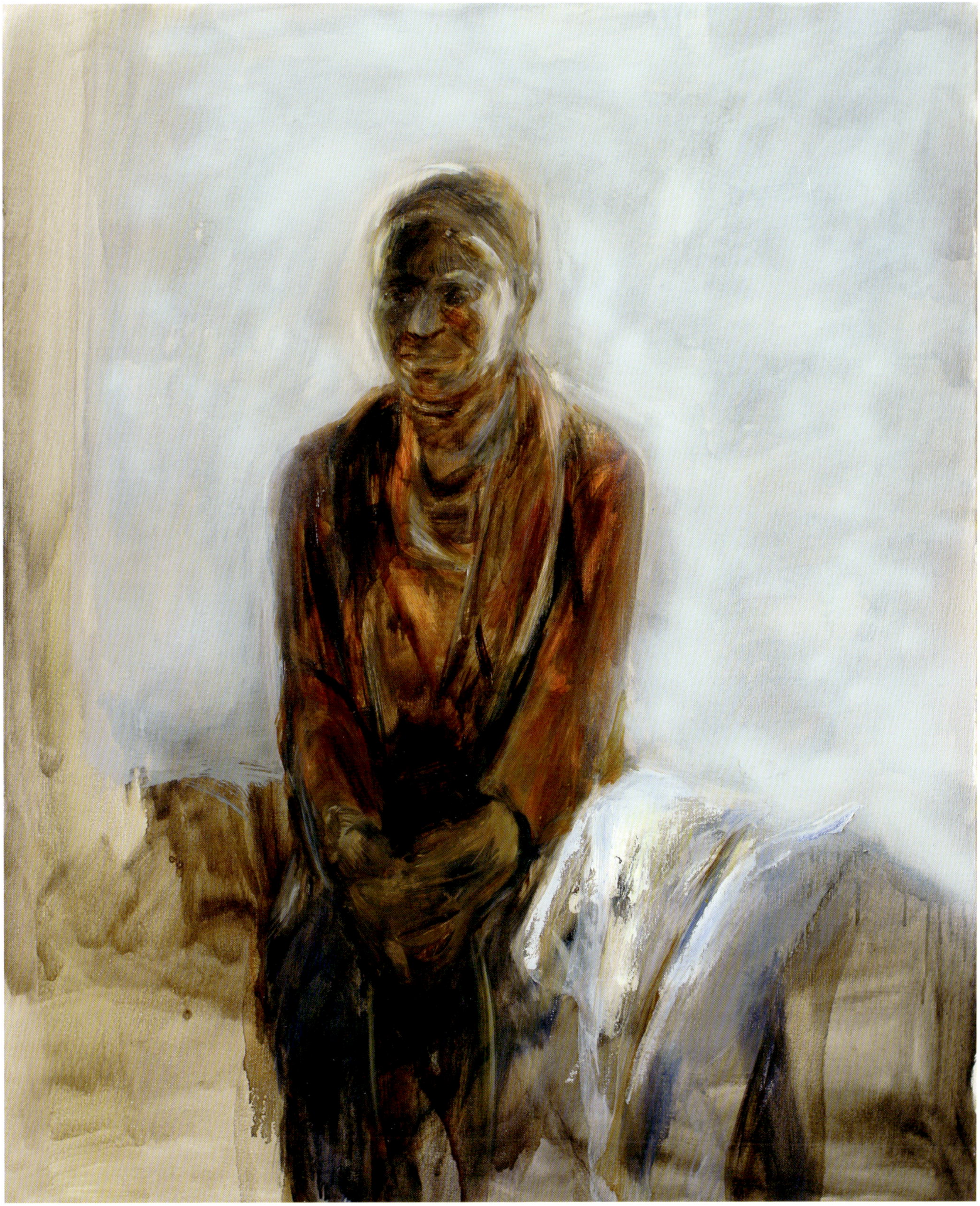

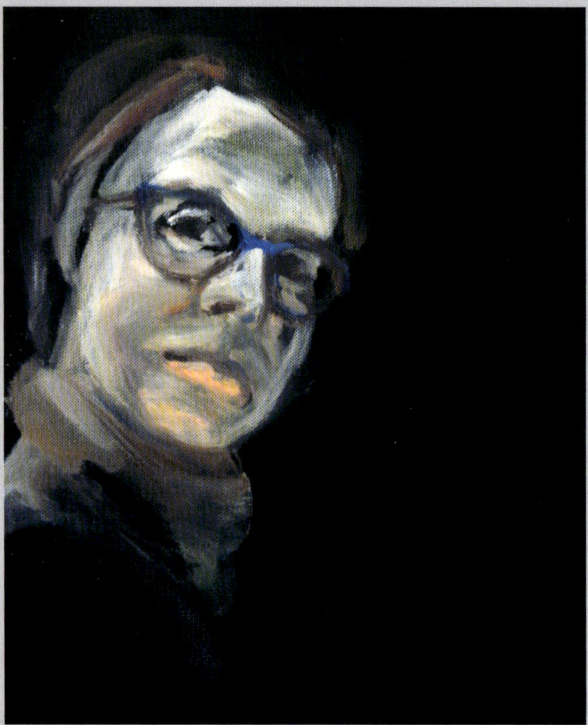

Gesicht auf Schwarz 1 · 2014
Öl auf Leinwand · *oil on canvas*
35 x 30 cm

ANGELA STAUBER
Biografie · *Biography*

geboren 1977 in München, lebt und arbeitet in München und London
Born in 1977 in Munich; lives and works in Munich and London

STUDIUM · *EDUCATION*

2005	Diplom als Meisterschülerin bei Prof. Sean Scully *Diploma (MA Fine Art) as master student of Prof. Sean Scully*
1999	Art Academy Cincinnati, USA
1998–2005	Studium der Freien Malerei an der Akademie der Bildenden Künste München, bei Prof. Jerry Zeniuk und Prof. Sean Scully *Visual art studies at the Akademie der Bildenden Künste München, under the tuition of Prof. Jerry Zeniuk and Prof. Sean Scully*

STIPENDIEN · ARBEITSAUFENTHALTE (Auswahl)
GRANTS · RESIDENCIES *(selection)*

2014	Stipendium für Bildende Kunst der Stadt München für das Projekt ‚Die Reflexion der Stadt' *Grant for visual arts from the city of Munich for the project 'Die Reflexion der Stadt'* Arbeitsaufenthalt in Ruovesi, Finnland, gefördert u.a. vom Goethe Institut Finnland *Residency in Ruovesi, Finland, sponsored by the Goethe Institut Finland*
2014–17	Atelierförderung der Stadt München *Studio grant from the city of Munich*
2013	Arbeitsaufenthalt in New York, USA *Residency in New York, USA*
2011	Arbeitsaufenthalt bei Homebase Build, Berlin *Residency at Homebase Build, Berlin*
2008	Arbeitsstipendium der Golart-Stiftung München für London, U.K. *Working grant from the Golart-Foundation, Munich for London, U.K.* Osteuropastipendium des Bezirks Oberbayern für Rumänien *Eastern European scholarship from the district of Oberbayern for Romania*
2008–10	Atelierförderstipendium des Bayerischen Staates · *Bavarian studio grant*
2007	Projektförderung der Erwin und Gisela von Steiner-Stiftung, München *Project grant of the Erwin & Gisela v. Steiner-Stiftung, Munich*

LEHRAUFTRÄGE · *TEACHING POSTS*

2006–14	Lehrauftrag für Malerei und Zeichnung am Institut für Kunstpädagogik an der Ludwig-Maximilians-Universität, München *Lecturer for painting and drawing at Ludwig Maximilian University, Munich*

EINZELAUSSTELLUNGEN (Auswahl) **·** ***SOLO SHOWS*** *(selection)*

2014	Mundus, mundi, Neuer Pfaffenhofener Kunstverein
2013	(P)Review, Galerie Zweigstelle Berlin
2010	SELBST BILDNISSE, Realitätenbüro G5 Kultur, München · *Munich*
2009	Ecken und Kanten, Galerie Florian Walch, München · *Munich*
	Art from Berlin, Solopräsentation · *solo presentation,* Art Karlsruhe
2008	was es ist, Weltraum München · *Munich*
	Neuland, Galerie Zweigstelle Berlin
2007	naheliegend, Neue Galerie Landshut
	inspired, Helmholtz-Zentrum Neuherberg

GRUPPENAUSSTELLUNGEN (Auswahl) **·** ***GROUP SHOWS*** *(selection)*

2014	Jahresgaben, Kunstverein München · *Munich*
2013	welovepaintings, dh-artworks, Düsseldorf
	Viktor, Galerie Zweigstelle Berlin und · *and* Galerie Evelyn Drewes, Hamburg
2012/13	Mythos Atelier: Von Spitzweg bis Picasso, von Giacometti bis Nauman. Staatsgalerie Stuttgart (K)
2011	KwangWhaMoon International Art Festival. Sejong Culture Center, Seoul, Süd-Korea · *South-Korea*
	HotSpot Berlin, Georg Kolbe Museum, Berlin (K)
	Save Japan, showroom von art-report, München · *Munich*
	Von jedem das Beste, Galerie Zweigstelle Berlin
2010	Messebeteiligung Preview Berlin, Galerie Zweigstelle Berlin
2009	Tiefer Raum und Fremde Welt, Kunstverein Aichach (K)
	Ein Überblick, Lothringer 13, Städtische Kunsthalle München · *Munich* (K)
	Stille Welt, Realität und Symbolik der Dinge. Städtische Galerie Traunstein
2008	The Freck Effect, Bukarest Biennale. Artlabs, Sibiu, Rumänien · *Romania*
	transfer: rumänien 1. Europäisches Künstlerhaus Oberbayern, Freising
	trei ori trei, Galerie für Zeitgenössische Kunst, Brukenthalmuseum, Sibiu, Rumänien · *Romania*
2006	Nachwuchs, Ausstellung zum · *Exhibition for the* Hermann-Götz-Preis, Künstlerhaus Marktoberdorf
	through the looking glass, Haus der Kunst, München · *Munich* (K)
2004	Junge Kunst. Schule der Malerei, Dombergmuseum Freising (K)

(K = Katalog · *Catalogue*)

ÖFFENTLICHE SAMMLUNGEN · *PUBLIC COLLECTIONS*

Bezirk Oberbayern
BMW Group München
Finnish Art Society
Helmholtz-Zentrum München
Staatsgemäldesammlung Bayern

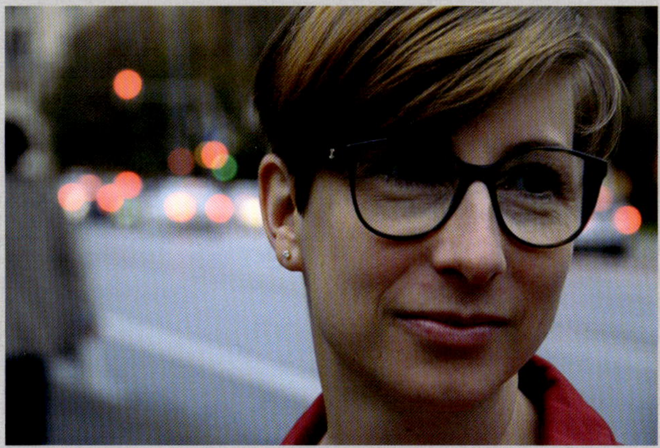

AUTOREN · *AUTHORS*

Florian Matzner ist Kunstwissenschaftler und Ausstellungsmacher, 1961 geb. in Essen, lebt in München. Nach der Promotion in Kunstgeschichte war er 1991–98 Kurator am Landesmuseum Münster, seit 1998 ist er Professor für Kunstgeschichte an der Akademie der Bildenden Künste München. Zahlreiche Publikationen und Ausstellungen zur zeitgenössischen Kunst mit dem Schwerpunkt *Kunst im öffentlichen Raum,* zuletzt *Emscherkunst.2010* im Ruhrgebiet, *(Re)Designing Nature* (Wien, Bremen 2010/11), *Emscherkunst.2013, Tatort Paderborn 2014,* in Vorbereitung: *Emscherkunst.2016*

Dagmar Schmengler ist Kunsthistorikerin. Ihre Dissertation über die „Masken von Reims" – ein vielgerühmtes Skulpturenensemble an der Kathedrale von Reims – wurde 2009 mit dem Benvenuto Cellini-Preis ausgezeichnet. Sie arbeitet international an verschiedenen Ausstellungsprojekten mit und übt Lehr- und Forschungstätigkeiten aus. Von 2009–2013 war sie an der Staatsgalerie Stuttgart tätig, wo sie von 2010–2012 als Co-Kuratorin an der Ausstellung „Mythos Atelier. Von Spitzweg bis Picasso, von Giacometti bis Nauman" arbeitete. Seit August 2013 ist sie als Wissenschaftliche Projektleiterin und Kuratorin für die Alexander und Renata Camaro Stiftung in Berlin tätig.

Maike Teubner ist Diplom-Designerin (FH) und Kunsthistorikerin. 2014 absolvierte sie den Masterstudiengang Kunstgeschichte mit Schwerpunkt Museumsarbeit an der Friedrich-Alexander-Universität Erlangen-Nürnberg. Am Neuen Museum – Staatliches Museum für Kunst und Design in Nürnberg übernahm sie mehrere Ausstellungs- und Redaktionsassistenzen. Derzeit ist sie an der Universität Erlangen-Nürnberg als Lehrbeauftragte im Fach Kunstgeschichte sowie als wissenschaftliche Hilfskraft im Projekt *Teaching Art Historians Online (TAHO)* tätig und bereitet ihre Dissertation vor.

Florian Matzner, art scholar and exhibition organizer, was born in 1961 in Essen and lives in Munich. After receiving his doctoral degree in art history, he was curator at the Landesmuseum Münster between 1991 and 1998 and has been professor of art history at the Akademie der Bildenden Künste München since 1998. He has numerous publications and exhibitions on contemporary art with a focus on art in public spaces, including recently *Emscherkunst.2010* in the Ruhr district, *(Re)Designing Nature* (Vienna, Bremen 2010/11), *Emscherkunst.2013, Tatort Paderborn 2014* and, in preparation, *Emscherkunst.2016.*

Dagmar Schmengler is an art historian. Her dissertation on the masks of Reims, a widely praised sculptural ensemble at Reims cathedral, was awarded the Benvenuto Cellini Prize in 2009. She works internationally on various exhibition projects and is active in both teaching and research. From 2009 to 2013 she worked at the Staatsgalerie Stuttgart, where from 2010 to 2012 she was co-curator for the exhibition 'Mythos Atelier. Von Spitzweg bis Picasso, von Giacometti bis Nauman'. Since August 2013 she has been research project director and curator at the Alexander und Renata Camaro Stiftung in Berlin.

Maike Teubner is a designer (technical college degree) and art historian. In 2014 she received a master's degree in art history, with a concentration in museum work, at the Friedrich-Alexander-Universität Erlangen-Nürnberg. At the Neues Museum – Staatliches Museum für Kunst und Design in Nuremberg she was a curatorial and editorial assistant on several projects. She is currently working at the Universität Erlangen-Nürnberg as an associate lecturer in art history and as a research assistant in the project *Teaching Art Historians Online (TAHO);* she is also preparing her doctoral dissertation.

IMPRESSUM · *IMPRINT*

Diese Publikation erscheint anlässlich der Ausstellung:
This publication is published to accompany the exhibition:
Mundus, mundi. Neuer Pfaffenhofener Kunstverein, Pfaffenhofen an der Ilm, 12.–28.09.2014

Herausgeber · *Editor(s):*
Neuer Pfaffenhofener Kunstverein, Angela Stauber

Redaktion · *Editorial staff:*
Angela Stauber

Gestaltung · *Design:*
Milchbergdesign, Augsburg

Projektmanagement · *Project Management:*
Kerber Verlag: Katrin Meder

Lektorat · *Copyediting:*
deutsch · *german:* Claudia Kreile
englisch · *english:* Wendy Brouwer

Übersetzung · *Translation:*
George Frederick Takis

Schrift · *Typeface:*
Gotham, Neutraface

Auflage · *Edition:*
1.200

Fotonachweis · *Photo credits:*
Falls nicht anders angegeben · *Unless otherwise specified:*
Angela Stauber
Jeff Wall, Volker Naumann (S./*p.* 50, 51)
Albert Coers (S./*p.* 32, 33)
Marius Winterstein (S./*p.* 25, 32, 33, 42–45, 88–91)

Dank · *Acknowledgements:*
Lamin Ben Hamdane, Albert Coers, Benedikt Hipp, Karen Irmer, Dorle und Steffen Kopetzky und dem ganzen Team vom Neuen Kunstverein Pfaffenhofen, Claudia Kreile, Florian Matzner, Katrin Meder, Karin Probst, Dagmar Schmengler, Robert Strauch, George Frederick Takis, Maike Teubner, Jeff Wall, Marius Winterstein

Buch und Ausstellung konnten mit freundlicher Unterstützung der Hypokulturstiftung, der Erwin und Gisela von Steiner-Stiftung, der LfA München und der Ars Versa Stiftung Freiburg realisiert werden.

Book and exhibition were realised with friendly support by: Hypokulturstiftung, Erwin und Gisela von Steiner-Stiftung, LfA München and Ars Versa Stiftung Freiburg

Die Deutsche Nationalbibliothek verzeichnet diese Publikation in der Deutschen Nationalbibliografie; detaillierte bibliografische Daten sind im Internet über http://dnb.dnb.de abrufbar.
The Deutsche Nationalbibliothek lists this publication in the Deutsche Nationalbibliografie; detailed bibliographic data are available on the Internet at http://dnb.dnb.de.

Gesamtherstellung und Vertrieb · *Printed and published by:*
Kerber Verlag, Bielefeld
Windelsbleicher Str. 166–170
33659 Bielefeld
Germany
Tel. +49 (0) 5 21/9 50 08-10
Fax +49 (0) 5 21/9 50 08-88
info@kerberverlag.com

Kerber, US Distribution
D.A.P., Distributed Art Publishers, Inc.
155 Sixth Avenue, 2nd Floor
New York, NY 10013
Tel. +1 (212) 627-1999
Fax +1 (212) 627-9484

Kerber-Publikationen werden weltweit in führenden Buchhandlungen und Museumsshops angeboten (Vertrieb in Europa, Asien, Nord- und Südamerika). *Kerber publications are available in selected bookstores and museum shops worldwide (distributed in Europe, Asia, South and North America).*

ISBN 978-3-7356-0031-8
www.kerberverlag.com

Printed in Germany

LfA FÖRDERBANK BAYERN HYPO-KULTURSTIFTUNG